Reisewege durch die romanische Provence

Guy Barruol / Maurice Rouquette

Reisewege durch die romanische Provence

zodiaque · echter

Umschlag-Titelbild: *Sénanque (Vaucluse). Das Chorhaupt der Abteikirche.*
Umschlag-Rückseite: *Avignon (Vaucluse). Die Brücke Saint-Bénézet von Südosten.*

Aus dem Französischen übersetzt von Christel Morano

Alle Fotos: Zodiaque
Die Bildseiten lieferte Zodiaque.

Satz, Druck, buchbinderische Verarbeitung:
Echter Würzburg, Fränkische Gesellschaftsdruckerei und Verlag GmbH.
ISBN 3-429-01506-5

Inhalt

Einführung

Bevor wir wie einstmals Pilger und Troubadoure die Provence durchstreifen, um dort die architektonischen Zeugen des 11. und 12. Jahrhunderts, jener faszinierenden und zugleich mahnenden Epoche der Romanik zu entdecken, empfiehlt es sich, Antwort auf einige grundlegende Fragen zu suchen: Wem verdanken wir diese erhabenen Bauwerke des frühen Mittelalters, die die Zeiten überdauert haben? Was veranlaßte die Baumeister zu solcher Sorgfalt? Und vor allem: Wie baute man zu jener Zeit? Die Antworten, die wir anhand von Beispielen aus der Provence geben wollen, können alle diese Fragen nicht erschöpfend klären. Sie sollen jedoch zu weiteren Nachforschungen und Überlegungen anregen und den Zugang zu diesen Baudenkmälern erleichtern, deren tiefe Bedeutung in unserer heutigen Welt oft nicht mehr erfaßt wird.

Die romanischen Abteien und Priorate gehen zurück auf die großen Orden, vor allem auf die Benediktiner, Zisterzienser und Augustiner, die sich damals in der Provence (Saint-Victor in Marseille, Saint-André in Villeneuve-lès-Avignon, Saint-Pierre in Montmajour bei Arles, Saint-Honorat in Lérins), aber auch im übrigen Frankreich (Psalmodi im Languedoc, Chalais in der Dauphiné, L'Isle-Barbe in Lyon und besonders Cluny und Cîteaux in Burgund) niedergelassen hatten. Die Kathedralbauten wurden von den Bischöfen und ihren Kapiteln in Auftrag gegeben, während die Landkirchen auf die Pfarrgemeinden und die religiösen Orden zurückgehen, zu denen sie gehörten. Die im 11. Jahrhundert noch bescheidenen und auch im 12. Jahrhundert noch nicht eben häufigen Burganlagen, von denen heute meist nur noch Ruinen übriggeblieben sind, entstanden als Wohnsitze lokaler Feudalherren. Zünfte und Bruderschaften schließlich setzten sich für die Errichtung von Bauwerken im Interesse der Allgemeinheit – etwa von Brücken – ein. Am bekanntesten ist in diesem Zusammenhang wohl die Brücke von Avignon (Saint-Bénézet). Der Bau dieses Rhôneübergangs auf den Resten einer alten römischen Brücke wurde im Jahre 1185 begonnen.

Im übrigen ist die romanische Architektur in der Provence zumeist sakral: Es gibt zahlreiche Kirchen und einige bekannte Klöster aus jener Zeit, doch haben nur wenige Burgen (Les Baux, Simiane, Caseneuve), Bürgerhäuser (in Saint-Gilles und Brignoles) und Brücken (Avignon, Mane) die Zeiten überdauert. Zahlreich sind auch die bescheidenen Behausungen des einfachen Volkes, die, in Dörfern zusammengedrängt, noch bis heute Zeugnis ablegen von jener Epoche. Einige Ortschaften wurden bereits im ausgehenden Mittelalter von ihren Bewohnern verlassen und gleichen fossilen Überresten vergangener Zeiten.

Kommen wir zu unseren Fragen zurück: Warum errichtete man damals mit einer solchen Sorgfalt Bauwerke im Interesse der Allgemeinheit?

Hierzu sind mehrere Gründe anzuführen. Imposante Werke der Profanarchitektur – etwa Befestigungsanlagen, die Bergfriede der Burgen über den Ortschaften oder an gefährlichen Wegstrecken und die Stadtmauern – wurden zum Schutz der Gemeinden errichtet. Auch ökonomische Interessen waren im Spiel. Man bedenke die Vorzüge einer Brücke gegenüber einer Fähre, deren Benutzung stets mit Zeitverlust und häufig auch mit Schwierigkeiten verbunden war.

Bei der Sakralarchitektur hingegen muß diese Frage ganz anders beantwortet werden. Es besteht kein Zweifel, daß die Vielzahl der in der Provence des 11. und 12. Jahrhunderts für die Stadt- und Landbewohner errichteten Kirchen – es sind mehrere Tausend! – zurückgeht auf einen in der Geschichte der Christenheit einzigartigen kollektiven Akt des Glaubens, der das gesamte westliche Europa erfaßte. Die eindrucksvolle Bautätigkeit ging einher mit einer wirtschaftlichen Blütezeit, die besonders auf dem Land spürbar war, wo neue Flächen urbar gemacht wurden. Die Bevölkerung blieb insgesamt jedoch arm, so daß Abteien und Priorate, Kathedralen und Landpfarrkirchen, Einsiedeleien und Pilgerstätten letztendlich doch nur aus der alle Bevölkerungsschichten erfassenden Begeisterung heraus und durch den Willen und mit dem Durchhaltevermögen aller errichtet werden konnten. Dies gilt auch dort, wo sich mit bedeutenden Bauwerken große Namen verbinden, etwa die einiger als reformerisch geltenden Prälaten des 11. Jahrhunderts: Raimbaud de Reillanne, Erzbischof von Arles, Etienne d'Agde und Alphant d'Agoult, Erzbischöfe von Apt, oder Géraud Chabrier, Erzbischof von Sisteron.

Die allgemeine Erneuerung des Glaubens, die am Beginn der geistigen Renaissance und des materiellen Aufschwungs der provençalischen Kirche des 11. Jahrhunderts stand, kommt besonders deutlich in zum Teil erhaltenen Urkunden und Dokumenten von Stiftern und Geldgebern zum Ausdruck. Bereits im ausgehenden 10. Jahrhundert zeigen sich die herrschenden Familien jener Gegend, aber auch die einfacheren Leute zunehmend großzügig und stiften ausgedehnte Ländereien oder kleine Parzellen, verleihen bestimmte Rechte und spenden Geld und Naturalien, um den materiellen Reichtum ihrer örtlichen Kirchen zu mehren und neue Gotteshäuser zu bauen, die durch den neuen Glaubenseifer nötig geworden sind. In allen Dokumenten ist erwähnt, daß der Geber sich mit seiner Gabe von seinen Sünden loskauft. So übergibt im Jahre 988 ein Priester mit Namen Richaud seine ausgedehnten, zumeist in den Diözesen Gap und Vaison gelegenen Ländereien dem Priorat Saint-André von Rosans, das er neu gegründet hat. 1004 gründen die Herren von Saignon, Robert und Varacon, das Kloster Saint-Eusèbe und statten es mit in der Region von Apt, aber auch im oberen Var-Tal gelegenen Gütern aus. Im Jahr 1082 stiftet Ripert de Mévouillon der Abtei von Cluny alle seine Güter auf dem Plateau d'Albion. 1097 übergibt ein gewisser Autran in Apt dem Kapitel einen Weinberg und ein Faß von hundert Sester für den Wiederaufbau der Kathedrale, bevor er ins Heilige Land aufbricht. Sollte er nicht aus Jerusalem zurückkehren, so verfügte er, daß auch sein übriger – recht bescheidener – Besitz (750 l Wein, drei Lämmer, zwei Ziegen und zwei Bienenkörbe) in die Kirchengüter eingehen sollte. 1144 wird auf Betreiben von Raymond des Baux die Abtei von Silvacane gegründet und von Guillaume, dem Herrn von Roque-d'Anthéron, Raymond Bérenger, Marquis de Provence, und dem Kapitel von Aix großzügig mit Gütern ausgestattet. 1148 stiften Guirand und Bertrand de Simiane, die Herren von Gordes, den Zisterziensern Ländereien, die in den Monts de Vaucluse, besonders im Tal der Sénancole liegen, wo die Abtei von Sénanque gegründet wird. Gegen 1165 schenken der Graf von Forcalquier und die Herren von Orgues und Montlaux den Mönchen von Chalais große Ländereien und Weideflächen, die sie im Tal von Saint-Étienne-les-Orgues und in den Montagne de Lure besitzen. Fast zweihundert Jahre lang leben dort dann mehrere Dutzend Mönche. Soweit nur einige Beispiele von vielen Stiftungen.

Zu den Erträgen aus den landwirtschaftlichen Gütern kommen die zwar bescheidenen, aber doch zahlreichen Almosen der Pilger hinzu. Sie werden bei der Reliquienverehrung in den großen Kirchen entlang der Rhône und der Durance, besonders jedoch am Jakobsweg, aber auch an den Pilgerwegen nach Rom und ins Heilige Land gesammelt. Die Einflüsse der unerschöpflichen Pilgerströme sind zuweilen sogar in Stein festgehalten. Man denke nur an das Flachrelief in der Oberkirche von Reillanne, auf dem der Apostel Jakobus im weiten Reiseumhang und der heilige Martin mit Wanderstab und Bündel dargestellt sind, oder an einen der Pfeiler im Kreuzgang von Saint-Trophime in Arles, wo wir den Brüdern von Emmaus im Gewand und mit den Attributen der Pilger auf dem Weg nach Santiago de Compostela begegnen.

Der Glaubenseifer, der Wille zum Bau neuer Gotteshäuser und die Möglichkeit, die notwendigen Mittel für derart umfangreiche Unternehmungen zusammenzutragen, sind sicherlich Faktoren, die wesentlich zur romanischen Renaissance beigetragen haben. Und doch wäre diese Erneuerung in der Architektur niemals ohne den unschätzbaren Beitrag der Baumeister und der zahlreichen namenlosen Bauleute, Architekten und Arbeiter aller Sparten möglich gewesen. Die romanische

Baukunst in der Provence ist zum großen Teil einer Tradition zu verdanken, die ihre Wurzeln in der Antike hat und die irgendwann im 11. und besonders im 12. Jahrhundert wieder an die Oberfläche gelangte, nachdem sie lange vergessen schien. Um die verschiedenen Aspekte dieser Kunst besser zu begreifen, lohnt es sich, einen Blick auf ihre Urheber und deren Arbeitsweise zu werfen.
Tatsächlich gibt es so etwas wie eine Geologie der romanischen Baudenkmäler, die eng mit deren Chronologie verknüpft ist: Im 11. Jahrhundert wurden die meisten Gebäude aus unregelmäßigen, mit dem Hammer zerkleinerten Bruchsteinen (Saint-Donat in Montfort) oder aus Kieselsteinen (Saint-Martin in Vologne) errichtet. Nur die repräsentativen Bauteile wiesen einen geordneten Mauerverband auf, dessen Material zum Teil aus den Ruinen römischer Bauten stammte (La Madeleine in Bédoin). Bei der Konstruktion von Fensteröffnungen und Gewölben verwendete man hölzerne Bogengerüste. Im 12. Jahrhundert wurde das Bruchsteinmauerwerk, besonders in ärmeren Landstrichen, keineswegs aufgegeben, doch finden wir zugleich immer häufiger Mauern und Innenwände aus kleinen, mit dem Hammer zugehauenen Steinen und mehr noch aus mittleren und großen Quadern, die nur noch durch schmale Fugen getrennt sind. In der südlichen Provence, im Vorland der Alpilles, in der Montagnette und im Luberon, den Königreichen des Steins, wird vor allem weicher, weißer Kalkstein benutzt, der sich leicht behauen und skulptieren läßt, während in den Alpen und im Voralpengebiet der harte Kalkstein vorherrscht, der – häufig von bläulicher Färbung – als der »kalte, lebendige Stein« bezeichnet wird und sich, da sehr spröde, nur schwer verarbeiten läßt. Daher ist das Schmuckwerk so mancher Kirchen im Alpenraum recht bescheiden und auf einfachste Formen reduziert. Die Dächer sind im Rhônetal mit zugehauenen Steinplatten oder romanischen Ziegeln gedeckt.
Die Herkunft der verschiedenen Materialien ist wohlbekannt: Sie kommen beispielsweise aus Steinbrüchen bei Les Baux, Fontvieille, Le Vernègue und Romanin in den Alpilles, aus Sainte-Juste im Tricastin, aus Beaumont im Ventoux oder aus Ménerbes und Mane im Luberon. Um kostspielige Transporte zu vermeiden, wurden manchmal unmittelbar in der Nähe der Baustelle Steinbrüche angelegt. Dies gilt für Montmajour, Saint-Gabriel, Carluc, Ganagobie, Beaumont-du-Ventoux und andere mehr. Beim Bauen wurde auch sehr viel Holz für Bogen- und Baugerüste sowie für das Gebälk benötigt. Dies führte zu Holzeinschlag in den im Mittelalter in der inneren Provence und besonders in den Alpen ausgedehnten Wäldern, wobei das Bauholz soweit wie möglich auf dem Wasserwege transportiert wurde.
Die Namen der meisten kirchlichen und weltlichen Baumeister sind unbekannt, und ihre genaue Rolle ist bis heute ungeklärt. In Texten aus dem Jahre 1180 wird ein gewisser Meister Stephan, *magister Stefanus*, ein Kanoniker aus Apt genannt, der den letzten Bauabschnitt der Kathedrale überwachte. Im allgemeinen hatte der *magister*, also der Baumeister, die Oberaufsicht über die Baustelle, überwachte den Fortgang der Arbeiten und zahlte die Arbeiter aus. Bei besonders umfangreichen Bauvorhaben wurde ein Mönch oder Kanoniker als *operarius* eingesetzt, der als eine Art Verwalter besonders mit sämtlichen Kostenfragen des Werkes befaßt war, mit der technischen Bauleitung selbst jedoch nichts zu tun hatte.
Die Rolle der einzelnen Berufsgruppen, die beim Bau tätig wurden, läßt sich besser beschreiben. Im Steinbruch und auf der Baustelle selbst arbeiteten die Steinmetzen, die häufig selbständige Kleinunternehmer waren und zuweilen ihren Namen auf Lateinisch oder häufiger ihre Initialen auf dem Stein hinterließen (es handelt sich bei solchen Gravuren nicht um die Namen der Werkmeister oder Steinausmesser). So entziffern wir an der Kathedrale Saint-Trophime in Arles die Namen *Garnerius Petrus* und *Stefanus*, in Pernes und Noves *Genesius*, *Pontius* in Carpentras und Saint-Andiol, *Johannes* und *Simon* in Sénanque und *Ugo* im Tricastin, um Vaison wie auch in Apt. Die Reihe ließe sich weiter fortführen. Es ist auch möglich, daß manche Zeichen wie einzelne Buchstaben und Kreuze für ganze Bruderschaften stehen. Große Mauersteine wurden in Fuß ge-

messen. Das war die damalige Maßeinheit und entsprach in der Provence 32 bis 34 Zentimetern. Manche der äußerst präzise zugeschnittenen Blöcke weisen auf der Schauseite sogar Winkel- oder Punktmuster auf.

Auch die namentlich ebenfalls unbekannten Bildhauer arbeiteten vor Ort. Ihre Aufgaben waren ganz unterschiedlich und gingen von der Gestaltung einfacher Profilgesimse über das Kannelieren von Säulen bis hin zur Ausführung komplizierter Kapitelle und Flachreliefs. Sie waren in Werkstätten zusammengefaßt – bekannt sind vor allem die Werkstätten von Arles, Vaison und Saint-Ruf von Avignon – und hatten zuweilen ganz eigene Techniken, anhand derer wir sie bis heute unterscheiden können. Besonders erwähnenswert sind in diesem Zusammenhang die Schulen von Saint-Ruf von Avignon und Valence. Sie hinterließen in den Kreuzgängen in der Umgebung von Avignon und Valence eine Reihe bemerkenswerter Kapitelle von hoher Qualität. Diese Künstler arbeiteten vorzugsweise in Marmor, den sie selbst aus den Steinbrüchen von Carrara in Italien herbeischaffen ließen. Während wir in bestimmten großen Baukomplexen wie Saint-Gilles die Handschrift verschiedener Bildhauerwerkstätten unterscheiden, war in anderen, etwa Saint-Christobal-d'Albion, nur ein einziger, offensichtlich sehr begnadeter Künstler am Werk. Parallel zu den äußerst ausgefeilten Arbeiten der Werkstätten im Rhônetal finden wir in den ärmeren Gegenden und den Gebirgsregionen schwerfälligere und volkstümlichere, aber gleichwohl faszinierende Stücke (Salagon, Ganagobie, Sainte-Jalle ...).

Die behauenen oder skulptierten Blöcke wurden von Maurermeistern-Gruppen zusammengefügt, denen Hilfskräfte zuarbeiteten. Sie waren im 11. Jahrhundert in der Haute-Provence häufig lombardischer Herkunft. Jene Maurer spielten eine herausragende Rolle. Wie die Steinmetzen stützten sie sich auf eine bis in die Antike zurückreichende Tradition und fügten mit hoher Kunstfertigkeit die von den Steinmetzen vorbereiteten Mauersteine in regelmäßigen Schichten aufeinander. Einige der in die Mauern romanischer Kirchen in der Provence eingeritzten Namen, *Ugo* etwa, der um die Mitte des 12. Jahrhunderts auftaucht, verweisen vielleicht auch auf einen jener gewissenhaften Handwerksleute. Es ist zu vermuten, daß beim Bau von Abteien Mönche und Laienbrüder an den Arbeiten beteiligt waren, die wahrscheinlich einer erfahrenen Leitung unterstanden. Darstellungen mittelalterlicher Baukunst sind in der Provence nicht eben häufig und auch nicht besonders aufschlußreich. Nur an Saint-Victor in Marseille ist noch eine Wandmalerei aus dem 13. Jahrhundert erhalten, die eine Baustelle darstellt. Auf ihr sieht man einen mit einer kurzen Tunika bekleideten Arbeiter (Mönche?) am Werk.

In der geographisch in viele kleine Gebiete unterteilten Provence waren die Bautechniken und Bauweisen je nach Region und je nach Werkstatt sehr verschieden. Sie lassen sich hier weniger mit bestimmten religiösen Orden in Verbindung bringen. Nur die Grundrisse der großen Abtei- und Prioratskirchen sind spezifisch und entsprechen den Bedürfnissen und Regeln des jeweiligen Ordens. Für jeden dieser Orden konnten jedoch dieselben Handwerker tätig werden, wie für die Pfarrgemeinden und die Feudalherren. So kann beispielsweise als gesichert gelten, daß im späten 12. und frühen 13. Jahrhundert die gleichen Werkleute an der Abtei von Sénanque (Kreuzgang und Klostergebäude) und an der Burg von Simiane (Bergfried) gearbeitet haben.

Im Grunde weisen alle diese Bauten eine meisterhafte Bautechnik und lokale Bautraditionen auf. Aus der Antike überkommene Architekturformen sind besonders im Rhônetal vorherrschend. Man denke an das Portal von Notre-Dame des Doms in Avignon, das auf den ersten Blick unmittelbar an Proportionen und Dekor eines römischen Gebäudes erinnert. Eine andere Besonderheit dieser Architektur ist die Tatsache, daß selbst die bescheidenste Kirche, die nur aus einem einschiffigen Langhaus, einem Chorjoch und der Apsis besteht, dieselben architektonischen Qualitäten aufweist wie die nächstgelegene Abteikirche oder Kathedrale. Die Romanik in der Provence
 zeichnet sich in der Tat durch stilistische, geographische und chronologische Vielfalt aus. Insbe-

sondere in den bergigen Regionen lebt dieser Baustil lange fort. Gerade um Embrun und Briançon entstanden noch im 15. und 16. Jahrhundert zahlreiche romanische Kirchen. Aber auch in der Ebene finden wir späte Vertreter der Romanik: Das Langhaus der Kirche von Les Saintes-Maries, das im 15. Jahrhundert erweitert wurde, das 1630 renovierte Langhaus der Kirche Saint-Quenin in Vaison und der Chor von Notre-Dame des Doms in Avignon aus dem Jahre 1671 sind auf beeindruckende Weise der romanischen Architektur nachempfunden.

Interessant ist auch zu sehen, in welcher Reihenfolge die einzelnen Bauglieder errichtet wurden. Mit dem Bau einer Kirche wurde stets beim Chor begonnen. Dann entstand, mit mehr oder weniger langen Unterbrechungen, Joch um Joch das Langhaus. Bei genauer Untersuchung des Mauerwerks etwa der Kirche von Ganagobie findet man diese Feststellung bestätigt. Zuweilen wurde auch das Langhaus gar nicht vollendet, weil die Mittel fehlten, so in Montmajour oder Saint-Honorat auf den Alyscamps in Arles. In anderen Fällen erwies sich der Bau schon während seiner Entstehung als zu beengt, und man fügte ihm ein Seitenschiff (Apt, Saint-Pantaléon, Lure ...) oder Seitenkapellen an (Notre-Dame in Groseau, Saint-Symphorien in Buoux ...). Erst nach Vollendung der Abtei- und Stiftskirchen oder der Kathedralen baute man, meist an der Südseite, den Kreuzgang an. Danach folgten die Kloster- und Wirtschaftsgebäude. Bei der Errichtung von Burgen wurde mit dem Bergfried (Donjon) begonnen, der für sich schon als Festungsturm genutzt werden konnte. Dann erst entstanden die herrschaftlichen Wohngebäude (Simiane). Der Innendekor (Wandmosaiken und -gemälde, Glasfenster) wurde im allgemeinen erst nach Abschluß der Bauarbeiten angebracht. Darauf läßt die Kirche von Ganagobie schließen, wo gegen 1125 eine Werkstatt von Mosaizisten arbeitete, die vom *operarius* der Gemeinschaft, Pierre Trutbert, geleitet wurde und wenig später den Chor der benachbarten Prioratskirche Saint-André-de-Rosans ausschmückte.

Die Erbauer der spätmittelalterlichen Kirchen und Burgen blieben zumeist anonym. Wenn man am Gesims oder an einem Kapitell eines romanischen Bauwerks durch einen glücklichen Zufall das Verbum *fecit* (machte) und davor einen Namen entdeckt, so weiß man nie so recht, ob es sich um den Bildhauer, den Maurer, den Architekten oder den Stifter handelt. In manchen Kirchen finden sich Weihesteine, auf denen zu lesen ist, wo und an welchem Tag die Weihe stattfand (jedes Jahr wurde ihrer ja feierlich gedacht), nicht jedoch das Jahr der Kirchenweihe noch der Namen des Baumeisters. Das alles weist darauf hin, daß der Bau einer Kirche im Mittelalter das Ergebnis der engen Zusammenarbeit von Kirchenleuten und Laien, von Wohltätern und Bauleuten war.

Die romanischen Kirchen der Provence sind von größter Vielfalt, einfach im Grundriß, ausgewogen in den Proportionen und vollkommen im Zuschnitt und in der Verarbeitung des Steins. Ihr Dekor ist oft so zurückhaltend, daß sie fast streng wirken. Alle diese Qualitäten gehen noch auf die Antike zurück. Und doch strahlen die Kirchen eine Frömmigkeit aus, sind bewegende Zeugen des Glaubens einer längst vergangenen Zeit. Sie lassen keinen von uns unberührt. Die in diesem Band beschriebenen Reisewege wollen die romanischen Kirchen der Provence all jenen nahebringen, die sie in ihrer natürlichen Umgebung entdecken wollen: eben in jener Landschaft der Provence, die durch sie beseelt ist und die ihnen ihre ganz besondere Anziehungskraft verdankt.

Romanik in der Provence

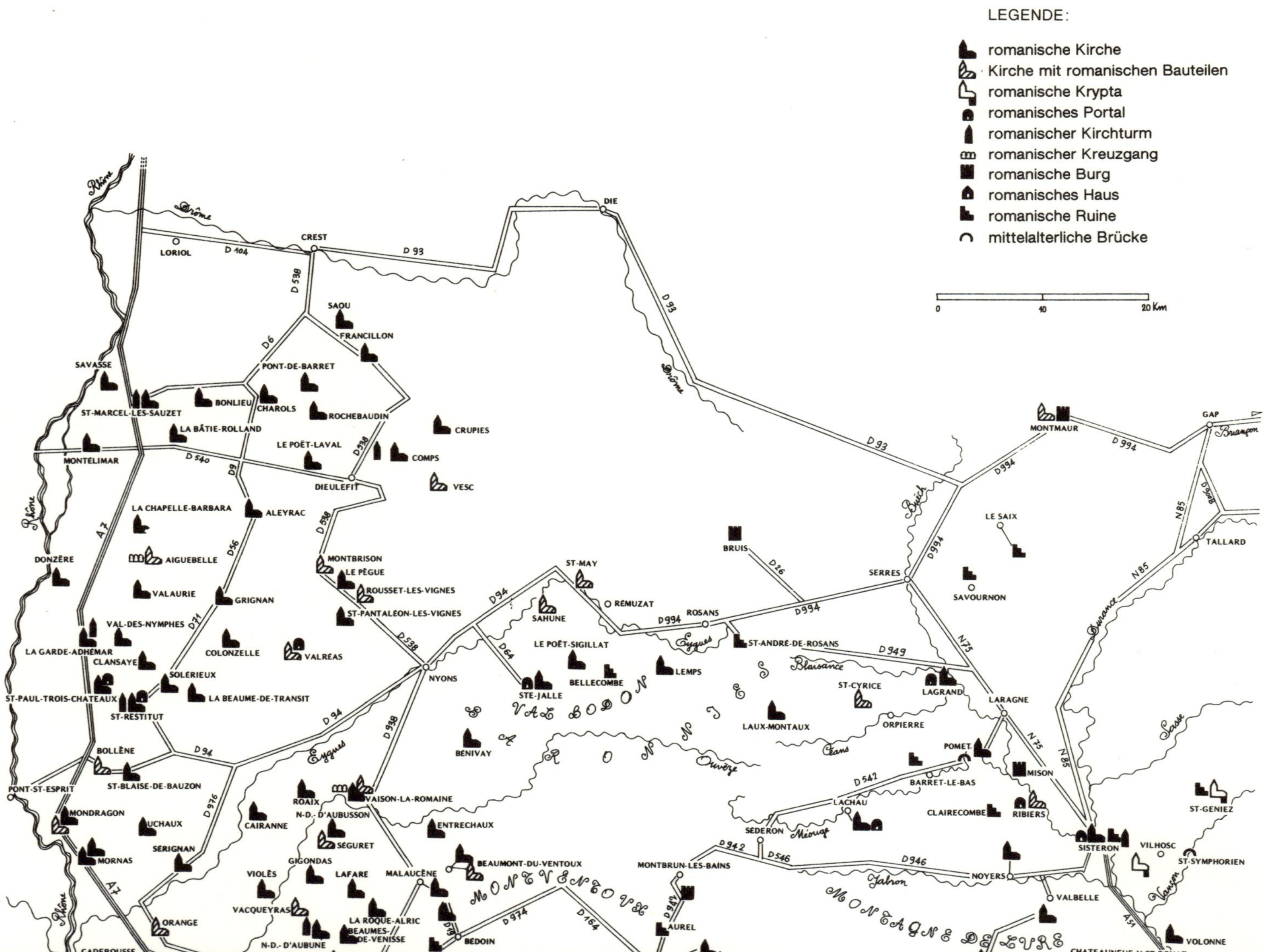

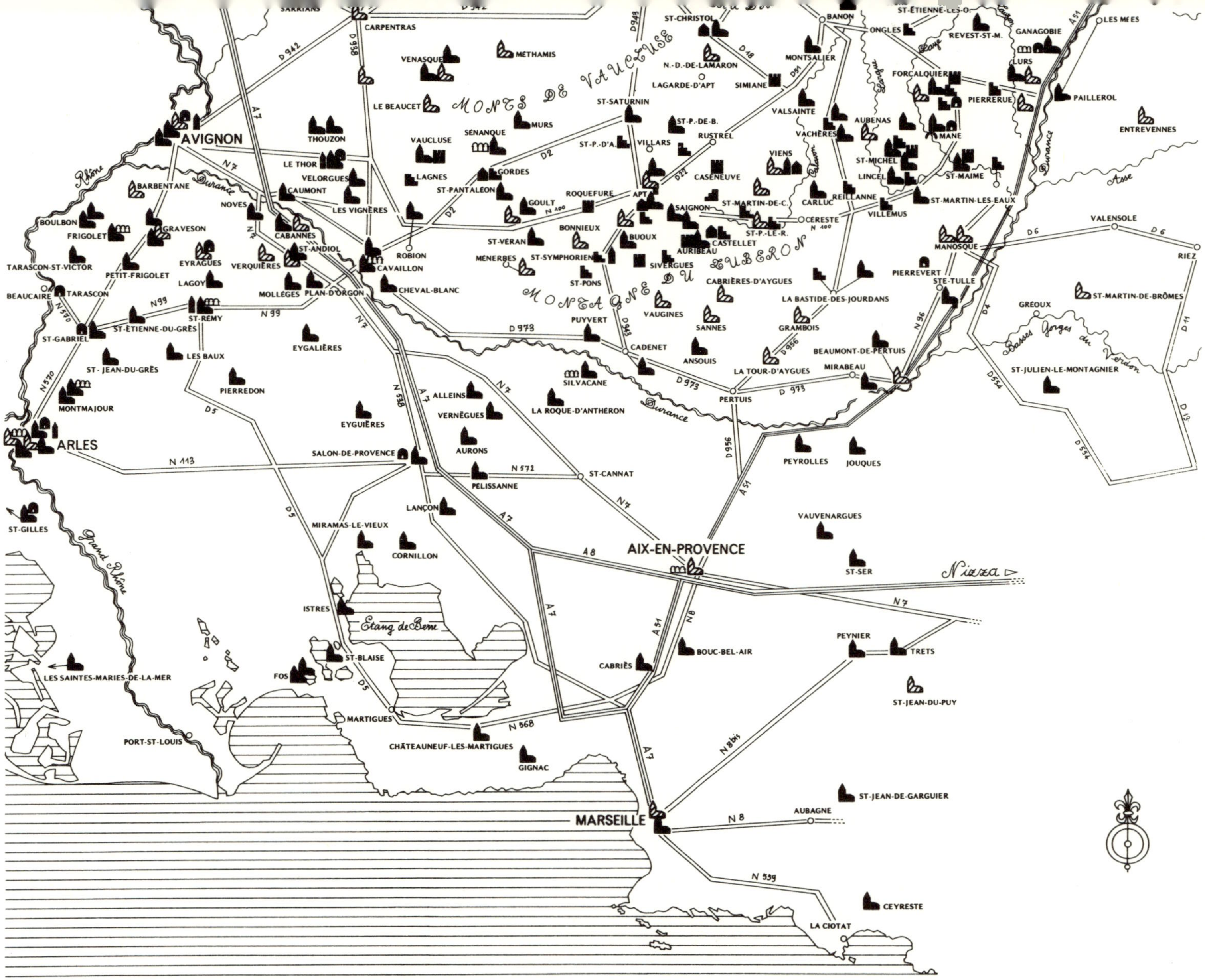

AVIGNON
ARLES
AIX-EN-PROVENCE
MARSEILLE
MONTS DE VAUCLUSE
MONTAGNE DU LUBERON
Etang de Berre
Nizza
Rhône
Grand Rhône
Durance
Basses Gorges du Verdon
Asse
CARPENTRAS
VENASQUE
MÉTHAMIS
LE BEAUCET
VAUCLUSE
SÉNANQUE
MURS
THOUZON
LE THOR
VELORGUES
CAUMONT
LES VIGNÈRES
LAGNES
GORDES
ST-PANTALÉON
GOULT
ROQUEFURE
ROBION
CAVAILLON
CHEVAL-BLANC
NOVES
CABANNES
ST-ANDIOL
VERQUIÈRES
MOLLÈGES
PLAN-D'ORGON
BARBENTANE
BOULBON
FRIGOLET
GRAVESON
EYRAGUES
LAGOY
PETIT-FRIGOLET
TARASCON-ST-VICTOR
BEAUCAIRE
TARASCON
ST-RÉMY
ST-ÉTIENNE-DU-GRÈS
ST-GABRIEL
LES BAUX
ST-JEAN-DU-GRÈS
PIERREDON
MONTMAJOUR
EYGALIÈRES
EYGUIÈRES
SALON-DE-PROVENCE
ALLEINS
VERNÈGUES
AURONS
PÉLISSANNE
ST-CANNAT
LANÇON
MIRAMAS-LE-VIEUX
CORNILLON
ISTRES
ST-BLAISE
FOS
MARTIGUES
CHÂTEAUNEUF-LES-MARTIGUES
GIGNAC
ST-GILLES
LES SAINTES-MARIES-DE-LA-MER
PORT-ST-LOUIS
SILVACANE
LA ROQUE-D'ANTHÉRON
PUYVERT
CADENET
ST-VÉRAN
MÉNERBES
ST-SYMPHORIEN
ST-PONS
BONNIEUX
BUOUX
SIVERGUES
AURIBEAU
CASTELLET
SAIGNON
APT
VILLARS
ST-P.-D'A.
ST-SATURNIN
ST-P.-DE-B.
RUSTREL
LAGARDE-D'APT
N.-D.-DE-LAMARON
ST-CHRISTOL
SIMIANE
MONTSALIER
BANON
VALSAINTE
VACHÈRES
AUBENAS
VIENS
CASENEUVE
ST-MARTIN-DE-C.
ST-P.-LE-R.
CÉRESTE
CARLUC
REILLANNE
VILLEMUS
ST-MICHEL
LINCEL
MANE
ST-MAIME
ST-MARTIN-LES-EAUX
FORCALQUIER
PIERRERUE
LURS
GANAGOBIE
PAILLEROL
ONGLES
REVEST-ST-M.
ST-ÉTIENNE-LES-O.
LES MÉES
ENTREVENNES
VALENSOLE
RIEZ
MANOSQUE
PIERREVERT
STE-TULLE
ST-MARTIN-DE-BRÔMES
GRÉOUX
ST-JULIEN-LE-MONTAGNIER
CABRIÈRES-D'AYGUES
LA BASTIDE-DES-JOURDANS
VAUGINES
SANNES
GRAMBOIS
ANSOUIS
LA TOUR-D'AYGUES
BEAUMONT-DE-PERTUIS
MIRABEAU
PERTUIS
PEYROLLES
JOUQUES
VAUVENARGUES
ST-SER
PEYNIER
TRETS
ST-JEAN-DU-PUY
BOUC-BEL-AIR
CABRIÈS
ST-JEAN-DE-GARGUIER
AUBAGNE
CEYRESTE
LA CIOTAT
SARRIANS
A7
A8
A51
N7
N8
N8bis
N96
N99
N100
N113
N538
N559
N568
N570
N571
D2
D4
D5
D6
D11
D13
D18
D22
D91
D938
D942
D943
D956
D973
D554

Ortsregister

Erster Reiseweg: Arles und seine Umgebung

Arles, Saint-Gilles, Camargue, Montmajour: 100 km. Michelin-Karte Nr. 83, Planquadrate 9, 10 und 19 oder Michelin-Karte 93, Planquadrat 26 und 27; Rundweg von Arles oder Saint-Gilles aus; Tagesausflug.

Im Herzen der Region von Arles veranschaulichen drei monumentale Baukomplexe auf symbolhafte Weise die ungewöhnlich schöpferische Kraft der romanischen Kunst in der Provence. Die hier beschriebene Exkursion führt uns nach Arles und in die nächste Umgebung der Stadt. Dabei haben wir Gelegenheit, die provençalische Romanik von ihren ersten Anfängen in Saint-Pierre in Montmajour bis zur Blüte ihrer Architektur und Skulptur in Saint-Gilles oder Saint-Trophime zu verfolgen. Wir werden sehen, wie sich dieses noch immer vom Geist der Antike geprägte Land in seiner tiefsten Seele im Einklang befand mit den Vorstellungen der romanischen Bauleute. Ihnen standen ein ungeheurer Reichtum an Material und eine außergewöhnliche Formenvielfalt zu Gebote, auf deren Grundlage sie eine meisterhafte und fruchtbare Synthese zwischen dem christlichen Glauben und dem kulturellen Erbe der Römer erarbeiteten.

Dank seiner herrlichen Kirche und des prächtigen Stadtbildes und sicher auch wegen des regen Lebens, das die Stadt entfaltete, hat ARLES seit der Spätantike nie an Bedeutung verloren, und die 46 v. Chr. von Julius Cäsar gegründete römische Kolonie war tatsächlich das »Kleine Rom Galliens«, als das sie der Dichter Ausonius feierte. In der Blütezeit der Stadt um 500 n. Chr. wurde die zunächst in der Oberstadt gelegene Kirche an ihren heutigen Standort am Forum verlegt. Die ursprüngliche Basilika Saint-Etienne (Stephansbasilika) wurde während der Invasionen zerstört und in der ersten Hälfte des 12. Jahrhunderts mehrfach wiederaufgebaut. Schließlich wurde sie dem heiligen Trophimus geweiht, dessen Reliquien am 29. September 1152 hierher überführt wurden.

Nach einer kurzen Unterbrechung der Bauarbeiten erhielt die Kathedrale, die Sitz des Primas von Arles war, um 1170 ein monumentales Portal. Dieses Portal ist eines der berühmtesten Skulpturenensembles der romanischen Provence. Als ein wahrer Triumphbogen wurde es einer äußerst schmucklosen Fassade vorgelagert, an der sich noch gut das Bruchsteinmauerwerk der Kirche aus dem 11. Jahrhundert und das regelmäßige Mauerwerk aus mittelgroßen Quadern unterscheiden lassen, die bei den Renovierungsarbeiten des 12. Jahrhunderts verwendet wurden. Ein Tempelgiebel überfängt dieses Meisterwerk der Skulptur, dessen Gestaltung an die Reliquienschreine der damaligen Zeit erinnert. Hauptthemen der Darstellungen sind die Vision des Johannes und das Jüngste Gericht. Der triumphierende Christus als Weltenherrscher, umgeben von den vier Evangelisten, thront in einer Mandorla im Tympanon. Die Halbfiguren anbetender Engel schmücken die Archivolten. Auf dem Türsturz darunter sind die Apostel aufgereiht. Drei Engel im Bogenscheitel der Archivolten blasen die Trompete, woraufhin die Toten aus ihren Gräbern auferstehen und die Auserwählten in majestätischer Haltung von rechts auf Christus zuschreiten. Die als Kinder dargestellten Seelen der Gerechten werden von einem Engel den Patriarchen vorgeführt, die sie in ihren Schoß aufnehmen. Auf der anderen Seite jedoch bewacht der Engel mit dem Flammenschwert die Pforte des Paradieses, während die gefesselten Verdammten von Dämonen in die Höllenflammen gezerrt werden.

Darunter ist ein zweiter Fries der Kindheit Jesu gewidmet, wobei den Heiligen Drei Königen viel Raum gelassen ist. Mit den großen Apostelstatuen zwischen den Säulen wird ein drittes Thema eingeführt: der Lobpreis der bedeutendsten Heiligen der Kirche und der beiden Schutzherren der Kathedrale von Arles. Zur Rechten des Weltenherrschers erkennen wir den heiligen Trophimus an seinem bischöflichen Ornat. Er ist gut plaziert zwischen Petrus und Johannes einerseits und Jako-

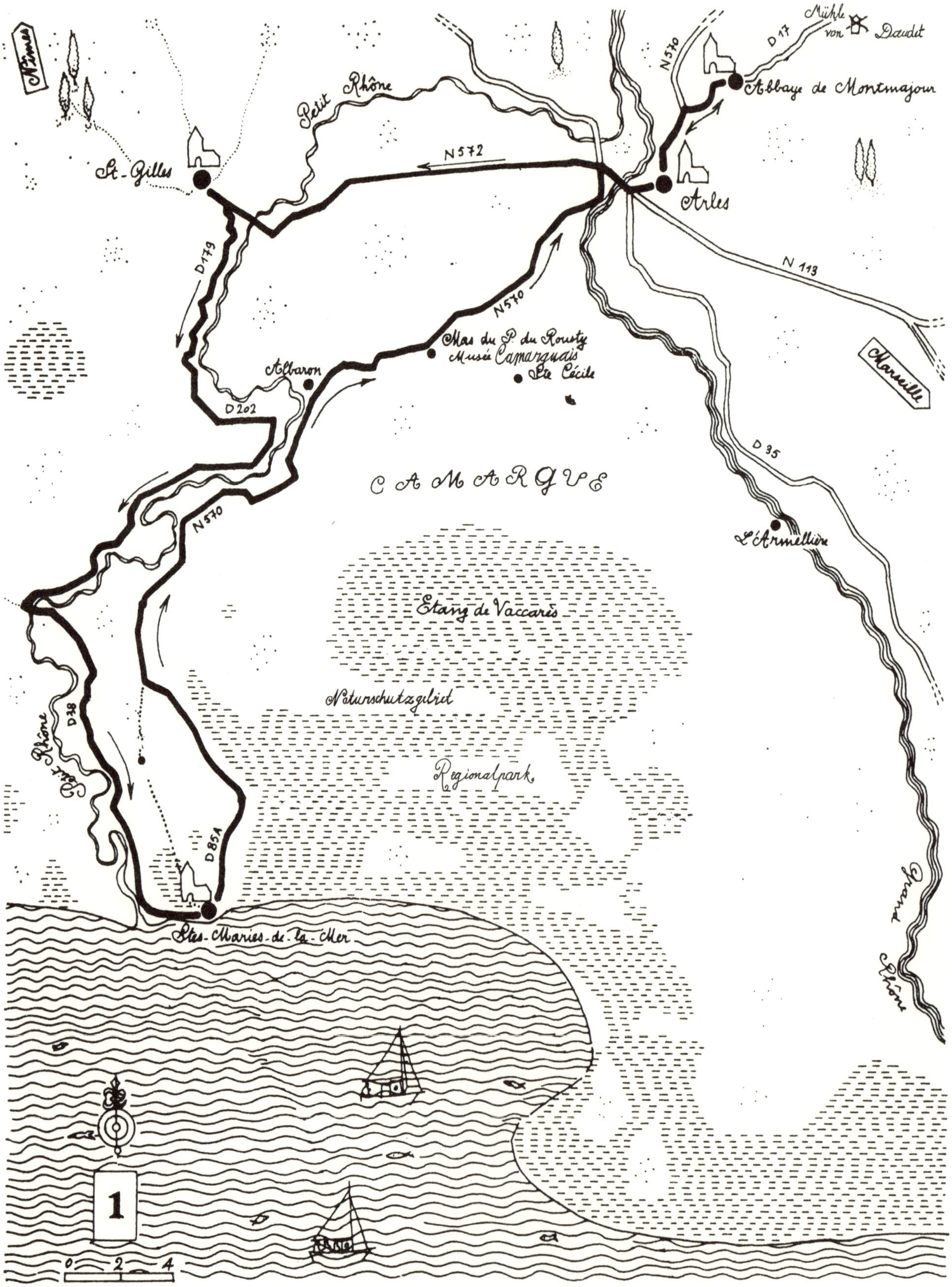
Nîmes
Mühle von Daudet
D 17
N 570
Abbaye de Montmajour
Petit Rhône
N 572
St-Gilles
Arles
D 179
N 113
N 570
Mas du P. du Rousty
Musée Camarguais
Ste Cécile
Albaron
Marseille
D 202
D 35
CAMARGUE
N 570
L'Armellière
Etang de Vaccarès
Naturschutzgebiet
Petit Rhône
D 38
Regionalpark
D 85A
Stes-Maries-de-la-Mer
Grand Rhône
1
0 2 4

bus dem Älteren und Bartholomäus andererseits. Gegenüber erinnert die Steinigungsszene an das Martyrium des Stephanus (Saint-Etienne), des zweiten Schutzheiligen der Kirche. Er steht zwischen Paulus und Andreas auf der einen und Jakobus dem Jüngeren und Philippus auf der anderen Seite. Unter den Füßen der Apostel ist im untersten Register unsere sündige Welt dargestellt: Ein Löwe verschlingt als Höllenwesen die Seelen, und in der Portallaibung werfen gewaltige Bestien ihre Opfer nieder. Dieser Vorgang wird in den Skulpturen unter den Säulenbasen noch verdeutlicht, wo ein mit einem Löwen ringender Ziegenbock den täglichen Existenzkampf darstellt. Daniel, der im südlichen Gewände meditierend zwischen den Löwen von Cyrus sitzt, zeigt, daß das Böse dem Christenmenschen, der Gnade gefunden hat, nichts anhaben kann. Im nördlichen Gewände hingegen erliegt Samson nach dem siegreichen Kampf mit dem Löwen der Verführung Dalilas, die ihm die Hände bindet, während eine Dienerin sich anschickt, sein Haar abzuschneiden: Nach seinem Sieg über die Sünde verfiel er schließlich doch der Unzucht.

Die daraus zu ziehende Lehre ist an der Nordseite des Portals zusammengefaßt, wo der römische Herkules den Nemeischen Löwen niederwirft und dann dem Erzengel Michael bei dem so entscheidenden Akt des Seelenwiegens hilft. Hier wird deutlich, in welchem Maße dieser Sieger im Kampf gegen den dämonischen Löwen zu einem Vorbild des christlichen Helden wurde, zu einer Art »Vorkämpfer Christi«. Die Flachreliefs zeigen, daß die antike Mythologie in gebildeten Kirchenkreisen jener Zeit noch immer ihren Platz hatte und daß im letzten Viertel des 12. Jahrhunderts in Arles eine enge Verflechtung zwischen dem christlichen Gedankengut und dem römischen Kulturerbe zustande kam. Sie war die Voraussetzung für eine wahre Renaissance der Kunst, die in der Antike ihre Vorbilder hatte.

Das Portal befand sich in einem äußerst besorgniserregenden Zustand. Von 1984 an bemühte sich daher die französische Denkmalpflege in beispielhafter Weise, unterstützt vom amerikanischen World Monument Fund, um seine Konsolidierung und Reinigung und traf Maßnahmen zu seinem Schutz. Gleichzeitig liefen verschiedene wissenschaftliche Forschungsprogramme, die zu hervorragenden und spektakulären Ergebnissen führten und zugleich zahlreiche neue Aufschlüsse über die Struktur dieses Baudenkmals erlaubten. Dabei wurde insbesondere deutlich, in welchem Umfang antike Bauelemente aus Marmor und Kalkstein in dieser äußerst vielfältigen Konstruktion wiederverwendet wurden, die nicht weniger als 42 verschiedene Baumaterialien aufweist. Die Skulpturen erwiesen sich nach ihrer Reinigung als überraschend lebensnah.

Betritt man die Kathedrale von Arles, so beeindruckt zunächst die tiefe Harmonie des riesigen Langhauses mit einer ungewöhnlichen Höhe von 20 Metern. Die sparsame bildhauerische Gestaltung tritt ganz hinter das Mauerwerk aus sehr exakt zugehauenem hellem Stein zurück, das fast ohne Mörtel sorgfältig zusammengefügt ist. Hier und da entdecken wir Steinmetzzeichen. Die Spitztonne des Hauptschiffgewölbes stützt sich auf sehr schöne Pfeiler mit kreuzförmigem Querschnitt, wie sie für die romanische Baukunst der Provence typisch sind. Das Mittelschiff zieren schlanke Säulen mit Kapitellen, die, wie in Avignon, Aix und Cavaillon, in großer Höhe in die Wandvorlagen der Pilaster eingefügt sind. Die schmalen Seitenschiffe mit Halbtonnengewölben stützen das Mittelschiff zu beiden Seiten. Im letzten Joch ist an der Nordseite ein Akrostichon zu Ehren des heiligen Trophimus in den Stein gehauen, eine Versfolge, deren Anfangsbuchstaben ein Wort ergeben. Dieses Schmuckelement erinnert an den mystischen Vierzeiler im Kreuzgang von Vaison.

Jenseits der Vierung, die von einer gemauerten Trompenkuppel überwölbt ist, wurde die Kirche zwischen 1454 und 1465 gänzlich umgebaut und erhielt anstelle der romanischen Apsis ein weites gotisches Chorhaupt mit monumentalem Chor, der von einem Chorumgang mit Kapellen umgeben ist. Im 17. Jahrhundert schließlich wurden die Querhausarme mit zwei großen klassischen Glasfenstern und Emporen auf Trompen ausgestattet.

In der Kathedrale sind drei schöne Sarkophage aus frühchristlicher Zeit erhalten. Der des Geminus steht in der Kapelle zum Heiligen Grab. Außerdem sind drei Gemälde von Finsonius zu bewundern: die Anbetung der Könige (Altaraufsatz in der Chapelle des Rois), die Steinigung des Stephanus (über dem Vierungsbogen) und die Verkündigung (im nördlichen Querhausarm).
Um in den Kreuzgang zu gelangen, muß man den ehemaligen Erzbischöflichen Palast durchqueren, von dessen Hof aus man besonders gut das Äußere des Langhauses betrachten kann. Es trägt ein Kranzgesims mit reliefverziertem Zahnschnitt. Auch der hohe quadratische Turm ist von hier aus gut zu sehen (Bild 1). Er umfaßt drei mit Pilastern, Lisenen und Blendarkaden verzierte Geschosse und trägt oben eine von römischen Vorbildern inspirierte Attika.
Der auf rechteckigem Grundriß angelegte Kreuzgang weist zwei Bauphasen auf: Die Nord- und Ostseite wurden ab der Mitte des 12. Jahrhunderts im romanischen Stil errichtet, während die beiden übrigen Flügel erst im 14. Jahrhundert nach einer langen Unterbrechung der Bauarbeiten im gotischen Stil entstanden sind. Der Nordflügel ist der älteste Teil des Kreuzgangs. Ihn zeichnet die Eleganz der Gestaltung und die Kraft seiner Komposition aus, aber auch die stete Präsenz der Antike, die sich im wiederverwendeten Stein (Marmor, Säulen) wie in der Vielfalt von Inspirationsquellen kundtut.
Im ikonographischen Programm, das von subtiler gedanklicher Durchdringung und Geschlossenheit zeugt, finden wir zwei Themen eng miteinander verwoben: Das Ostergeschehen und die Verherrlichung der Ursprünge der Kirche von Arles. Dies wird bereits am ersten Pfeiler in der Nordwestecke deutlich, wo der heilige Trophimus, der Hauptpatron dieser Kirche, zwischen Petrus und Johannes steht und damit seine enge Verbindung zu diesen Aposteln betont. Zwischen den Statuen erinnern zwei Flachreliefs an die Auferstehung. Eines zeigt das leere Grab Christi, das andere die heiligen Frauen bei den Salbenverkäufern – ein Bild, das in jener Zeit wie für Arles geschaffen zu sein scheint, denn gerade entstand die Legende von der wunderbaren Ankunft der drei Marien in der Camargue, die vom heilige Trophimus selbst am Strand in Empfang genommen wurden. Auf den beiden folgenden Pfeilern finden wir zwei Szenen als Beweise für die Auferstehung: Christus erscheint den Emmauspilgern und zeigt dem ungläubigen Thomas seine Wundmale. Den Abschluß der Ostergeschichte bildet der letzte Pfeiler mit der Auferstehungsgeschichte, der analog die Steinigung des Stephanus beigegeben ist. Christus empfängt im Himmel die Seele des Märtyrers. Stephanus, der zweite Schutzpatron der Kirche, steht zwischen Jakobus und Paulus, der den Legenden von Arles zufolge sein Vetter gewesen sein soll. So ist der Skulpturenschmuck der beiden Eckpfeiler des nördlichen Flügels des Kreuzganges symmetrisch gestaltet, und auch thematisch entsprechen sich die beiden Darstellungen an seinen Stirnseiten. Die Kalksteinfiguren wirken äußerst lebensnah. Sie sind von geschmeidiger Haltung, und die tiefen Falten ihrer Gewänder erinnern an antike Marmorfiguren. Das theologische Programm wird in den Kapitellen fortgeführt, wo neue Variationen zu den Themen auftauchen und besonderer Wert auf die Gegenüberstellung von Altem und Neuem Testament gelegt wird.
Der östliche Flügel des Kreuzgangs entstand erst Ende des 12. Jahrhunderts und ist ähnlich aufgebaut. Das Bildprogramm, dessen Träger hier vor allem die Kapitelle sind, ist jedoch unterschiedlich gewichtet. Die Themen sind ausschließlich dem Neuen Testament entnommen und behandeln drei »Offenbarungen« Jesu: die Verkündigung an die Hirten, die Anbetung der Heiligen Drei Könige und den Einzug in Jerusalem am Palmsonntag (Bild 2). So wird den Häretikern des 12. Jahrhunderts die von ihnen bestrittene Göttlichkeit Jesu vor Augen geführt.
In den beiden übrigen Teilen des Kreuzgangs, deren Skulpturen aus dem 14. Jahrhundert stammen, begegnen wir neuen Themen und einem anderen Stil. Die Kapitelle in der Südgalerie sind den bedeutendsten Szenen aus dem Leben des heiligen Trophimus gewidmet, während die Westgalerie dem Leben der beiden heiligen Frauen Martha und Magdalena vorbehalten ist.

Erst in jüngster Zeit wurden zwei große, an den Kreuzgang grenzende romanische Säle restauriert, die für Kunstausstellungen genutzt werden.
Somit kann die Kathedrale Saint-Trophime in Arles aufgrund ihrer meisterlichen Architektur und der ungewöhnlichen Qualität ihres Skulpturenschmucks – besonders im nördlichen Flügel des Kreuzganges – als einer der bedeutenden Entstehungsorte des sogenannten *second art roman*, der reifen romanischen Kunst der Provence angesehen werden. Hier fand dieser Stil seine Vervollkommnung, und von hier aus strahlte er in ein weites Umland aus.
Bevor wir Arles verlassen, sollten wir noch einige andere Gotteshäuser, besonders aber die Abtei *Saint-Honorat des Alyscamps* besichtigen. Das taten übrigens auch die Pilger, die nach Santiago de Compostela unterwegs waren. Die Abtei Saint-Honorat erhebt sich am Rande des berühmten frühchristlichen Friedhofs, der nach uralten Legenden von Christus selbst im Beisein des heiligen Trophimus geweiht wurde (Bild 3). Das ehemalige Priorat gehörte der Abtei Saint-Victor in Marseille und wurde im späten 12. Jahrhundert um die Krypta mit den Reliquien des heiligen Genesius und anderer Heiliger von Arles neu errichtet. Leider wurde die Kirche nicht vollendet, das Langhaus blieb ohne Gewölbe. Trotz späterer Veränderungen bewahrte der Bau mit seiner Trompenkuppel und dem achteckigen Turm über der Vierung seine außerordentliche Qualität. Der Turm ist einer Totenleuchte nachempfunden. Er umfaßt zwei Geschosse mit je acht Rundbogenfenstern, die durch schlanke Säulen voneinander getrennt sind. Die Verlängerung der Säulen nach oben bilden kannelierte Pilaster. Hier wurde der Portikus der Arenen auf hervorragende Weise in den Stil der romanischen Baukunst übertragen.
In der Südostecke des antiken *castrum*, also innerhalb der Umfassungsmauern, erhoben sich im 4. Jahrhundert die ursprüngliche Kathedrale und das Baptisterium, an dessen Standort der heilige Caesarius im Jahre 508 ein dem heiligen Johannes geweihtes Kloster gründete, dessen Leitung er seiner Schwester übertrug. An jenes Kloster erinnert heute noch die Kirche *Saint-Jean de Moustier*. Sie wurde im 12. Jahrhundert auf demselben Bodenniveau wie das frühchristliche Gotteshaus errichtet und wird von der modernen Stadt unserer Tage fast verschluckt. Bemerkenswert ist die Gliederung der halbrunden Apsis mit ihren Pilastern, deren Kapitelle mit Akanthusblättern verziert sind. Auch das Mauerwerk ist meisterlich gefügt und eine gelungene Nachahmung antiker Mauerverbände (Bild 2). Einige Meter weiter südlich stoßen wir auf die Kirche *Saint-Blaise*, die ehemalige Klosterkirche der Nonnen von Saint-Césaire. Jüngere Ausgrabungen haben gezeigt, wie tief die Fundamente dieser Kirche liegen. Sie entstand in mehreren Bauabschnitten. Der älteste Teil aus der Mitte des 12. Jahrhunderts ist die Vierung mit ihrem herrlichen Klostergewölbe.
Im Norden des Stadtteils Hauture steht am äußersten Rand des Felshanges die Kirche *Notre-Dame de la Major*. Früher befand sich hier ein Heiligtum der »Guten Göttin«. Die Gründung der Kirche geht möglicherweise bereits auf das 6. Jahrhundert zurück. Im 11. Jahrhundert wurde sie Pfarrkirche, im 12. Jahrhundert restauriert und schließlich 1550 zur Stiftskirche erhoben. Sie umfaßt also Bauteile aus verschiedenen Jahrhunderten. Romanisch ist das recht großzügige Langhaus mit seinen für die Kunst jener Epoche um Arles typischen schmucklosen, aber hervorragend gearbeiteten Außenmauern.
Wenn wir nun den Grand-Rhône überqueren und durch den antiken Vorort Trinquetaille fahren, kommen wir auf die Nationalstraße N 572, die durch den Nordzipfel der Camargue zum Petit-Rhône und nach SAINT-GILLES, der Pforte des Languedoc führt. Hier wollen wir die berühmte Abtei besichtigen.
Auf einer alten Siedlung aus griechischer und römischer Zeit wurde im 7. Jahrhundert ein den Aposteln Petrus und Paulus geweihtes Benediktinerkloster gegründet. Im 9. Jahrhundert trat an die Stelle der beiden ursprünglichen Schutzheiligen ein Einsiedler aus dieser Gegend, der heilige Ägidius (Gilles). Seine in die Klosterkirche überführten Reliquien wurden schon bald von Pilgern

verehrt. Im Jahre 1077 unterstellte Papst Gregor VII. das Kloster Cluny, es durfte jedoch weiterhin seine Äbte selbst wählen. Diese Schirmherrschaft und die reich fließenden Almosen ermöglichten den Mönchen den Bau einer neuen Kirche über der Confessio mit dem Grab des heiligen Ägidius. Im Juli 1096 weihte Papst Urban II. während eines Frankreichaufenthaltes den Altar der noch im Bau befindlichen Basilika. Dann jedoch kam es zu einem schweren Streit zwischen der Klostergemeinschaft und dem Grafen von Toulouse, der die Lehnsherrschaft über die Abtei für sich in Anspruch nahm. Der Bau wurde unterbrochen und erst im Jahre 1116 mit verändertem Bauplan wieder aufgenommen: Die Kirche sollte künftig zwei Ebenen umfassen, nämlich die Krypta um die Confessio und eine Oberkirche, die sich aufgrund der Bodenneigung wesentlich weiter nach Osten vorschieben sollte. Unterbrochen von schweren Krisen, zog sich die Bautätigkeit an diesem ehrgeizigen Projekt über das gesamte 12. Jahrhundert hin, wobei sich im wesentlichen drei Bauabschnitte unterscheiden lassen: 1116–1120, 1132–1179 und 1185–1209. Dank des florierenden Hafens von Saint-Gilles, der von den Kreuzzügen profitierte, und bedingt durch die wachsenden Pilgerströme gelangte die Abtei zu beträchtlichem Wohlstand. Die Kirche war allerdings bei Ausbruch der Albigenserkriege noch immer nicht fertig. Die Verbindung zwischen Lang- und Querhaus wurde anscheinend erst im 14. Jahrhundert hergestellt, und der Glockenturm befand sich noch 1417 im Bau. Die Kirche gelangte im 16. Jahrhundert in den Besitz von Weltgeistlichen und wurde Stiftskirche. Während der Religionskriege erlitt die gesamte Abtei schwere Schäden. 1562 wurde sie von den Protestanten in Brand gesteckt und als Festung benutzt. Im Jahre 1622 entging sie der völligen Zerstörung nur knapp. Nach allen Wirren blieb nicht viel mehr als die Krypta unversehrt. Der Wiederaufbau erfolgte ab 1650 in bescheidenerer Form. Die dabei entstehende Kirche mit Kreuzrippengewölbe hatte im Langhaus des ursprünglichen Kirchengebäudes Platz. Die notdürftig instand gesetzte Westfassade erhielt nur eine bescheidene Giebelmauer.

Die *Krypta* liegt auf dem mittelalterlichen Bodenniveau und ist eine echte Unterkirche. Ihr nach 1116 begonnenes Gewölbe wurde im Fortgang gleichzeitig mit dem Bau der oberen Kirche vervollständigt und umfaßt drei Gewölbetypen. Bemerkenswert ist vor allem das Mitteljoch vor dem Grab des heiligen Ägidius. Die Gurtbögen tragen als Schlußstein ein Medaillon mit dem segnenden Christus.

Von der ursprünglichen *Oberkirche* sind nur die quadratischen Stützpfeiler mit ihren eingestellten Halbsäulen erhalten, die oberhalb der korinthischen Kapitelle enden. Durch das ehemalige Querhaus, das nicht über das Langhaus hinausragte, verläuft heute die Straße. Die beeindruckenden Überreste des Chores mit ihrem herrlichen Mauerwerk lassen noch ermessen, von welch majestätischer Wirkung diese riesige Pilgerkirche einst gewesen sein muß. Der hufeisenförmige Chor öffnete sich in hohen Arkaden auf einen Chorumgang mit sieben Kapellen. Von der Nordseite ist noch ein Mauerrest erhalten, in dem sich die berühmte Wendeltreppe von Saint-Gilles (*Vis de Saint-Gilles*) emporschraubt, deren ausgeklügelte und vollkommene Gestaltung von den »Compagnons du Tour de France« so bewundert wurde.

Die stark beschädigte *Westfassade* hat viel von ihrer ursprünglichen Pracht eingebüßt, ist jedoch von ihrem umfangreichen Skulpturenschmuck, ihrem neuartigen Bildprogramm und der Lebendigkeit ihrer Figuren her beispielgebend in der Entwicklung der romanischen Kunst der Provence. Die Gliederung der Westfassade von Saint-Gilles ist unmittelbar durch die großen römischen Baudenkmäler der Region um Arles beeinflußt. In den drei Portalen von unterschiedlicher Größe verbindet sich der römische Triumphbogen mit den säulenverzierten Bühnenwänden römischer Theater, in deren Nischen Figuren aufgestellt waren. Stärker noch als an der Kathedrale Saint-Trophime ist hier die Horizontale durch einen antikisierenden Fries mit Fabelwesen betont, der sich über die gesamte Fassade hinzieht. Er wird von sechs hohen römischen Säulen aus Marmor

oder Granit getragen. Die vier übereinander angeordneten Register – Tympana, Fries, Statuen und Sockel – tragen ein Bildprogramm, das sich von links nach rechts lesen läßt.
Am *linken Portal* erkennen wir im Tympanon die Anbetung der Heiligen Drei Könige und den Traum Josephs, darunter im Fries die Passionsgeschichte, die mit dem Einzug Jesu in Jerusalem beginnt. Der majestätische Zug bewegt sich über den Türsturz. Zwischen den Portalen drei Szenen, die nicht chronologisch aufeinanderfolgen: Judas erhält den Lohn für seinen Verrat, Christus verjagt die Wechsler und Kaufleute aus dem Tempel und die Auferstehung des Lazarus. Zwei dieser Reliefs waren für die erfolgreiche Hafen- und Handelsstadt Saint-Gilles von besonderer Bedeutung. Darunter stehen vier Apostel in ihren durch mächtige, kannelierte Pilaster getrennten Nischen: Matthäus, Bartholomäus, Thomas und Jakobus der Jüngere. Die ersten beiden stammen von einem Bildhauer namens BRVNVS, dessen Signatur wir links von ihren Köpfen über der Schulter entdecken.
Im Tympanon des *Mittelportals* befand sich eine heute leider völlig zerstörte Darstellung des Jüngsten Gerichtes. Vor diesem Portal sollte sich ursprünglich eine eingewölbte Vorhalle auf Doppelsäulen nach klassischem italienischem Vorbild erheben. Diese Lösung wurde allerdings während der Bauarbeiten zugunsten des reichgeschmückten Figurenfrieses fallengelassen. So blieben die Stützen ohne Verwendung. Ihr skulptierter Unterbau zeigt links Kain und Abel, rechts einen Kentaur, der einen Hirsch jagt. Unter den Säulenbasen winden sich links zwei von Lianen umschlungene Affen und ein Kamel, während gegenüber David die Zither schlägt und seine Herde weidet. In der folgenden Szene sieht man David, wie er Goliath den Kopf abschlägt.
In der Portallaibung stehen die sehr plastisch gearbeiteten Statuen von Petrus und Johannes links und Jakobus dem Älteren und Paulus rechts auf menschenverschlingenden Löwen. Der Ankündigung der Verleumdung Jesu durch Petrus in der linken Laibung folgen auf dem Türsturz zwei wesentliche Begebenheiten aus der Passionsgeschichte: die Fußwaschung und das heilige Abendmahl. Diese Reliefs sind leider stark beschädigt. Die Handlung läßt sich in der rechten Portallaibung weiterverfolgen. Wir erkennen den Judaskuß und – als einzige Szene völlig erhalten – die Gefangennahme Jesu, dann die Gerichtsszene mit Pilatus, die Geißelung und die Kreuztragung. Die zwischen dem Mittelportal und dem rechten Seitenportal eingelassenen Reliefs sind in ihrer Gestaltung für die damalige Zeit ungewöhnlich lebendig.
Die Kreuzigung, ein in der romanischen Kunst nicht eben häufiges Thema, findet sich in einer sehr frühen Form im *Tympanon des rechten Portals*. Der realistisch dargestellte gekreuzigte Christus wird begleitet von Maria und Johannes, daneben erkennt man die beiden Symbolfiguren für Ekklesia und Synagoge. Der Türsturz ist den Ereignissen am Ostermorgen vorbehalten. Die heiligen Frauen besorgen Salböl und gehen zum Grab. In den Laibungen lassen sich weitere Szenen ausmachen, die die Auferstehung zum Thema haben: Christus erscheint den Pilgern von Emmaus, Maria Magdalena und den Aposteln. Das Register schließt mit den drei Erzengeln ab, die gegen den Dämon kämpfen. Sie bilden das Pendant zum heiligen Michael an der Nordseite der Fassade.
Diese meisterliche und ganz unter dem Einfluß der Antike stehende Komposition stellt in ihrer Ikonographie die Göttlichkeit und die Auferstehung Christi in den Mittelpunkt. Die Wahl dieser Thematik ist eine Antwort auf die häretischen Tendenzen der damaligen Zeit. Die Skulpturen entstanden wahrscheinlich zwischen 1140 und 1160. Obwohl manche programmatischen Zusammenhänge vielleicht nicht auf den ersten Blick deutlich werden, liegt diesem Werk ein einheitliches Konzept zugrunde, das von Anfang an die drei Portale umfaßte, dann aber durch die Wiederverwendung der großen römischen Säulen abgewandelt wurde. Auch gab man dem Fries mit der Passionsgeschichte breiteren Raum. An den Skulpturen läßt sich die Handschrift von fünf verschiedenen Bildhauern erkennen, von denen einer, eben jener Brunus, für den stark von der Antike geprägten Stil verantwortlich zeichnet.

Im *romanischen Haus* an der Westseite des Platzes ist das Skulpturenmuseum untergebracht, wo einige sehenswerte Stücke aus der Abteikirche ausgestellt sind. Besonders aufschlußreich ist das Fragment eines Tympanons, das aus der inzwischen verschwundenen Martinskirche stammen soll (Bild 4). Es zeigt vier sitzende Apostel, die der Mittelfigur, dem richtenden Christus beim Jüngsten Gericht, zugewandt sind. Über der Christusgestalt halten zwei Engel die Dornenkrone und die Nägel des Kreuzes. Die Eleganz der nach antikem Vorbild gerafften Gewänder und die Ernsthaftigkeit, die sich in den Gesichtern spiegelt, verleihen diesem Fragment eine große Lebendigkeit. Es gehört zu den schönsten Stücken der Romanik in Saint-Gilles.
Wir verlassen Saint-Gilles nun in Richtung Arles, biegen jedoch unmittelbar nach der Kanalbrücke ab auf die D 179 und später auf die D 202, die am rechten Ufer des Petit-Rhône entlangführen. Die Gehöfte von Les Auriasses, La Fosse, Claire Farine, Capette und Liviers, an denen man vorbeikommt, gehen auf einstige Komtureien des Malteserordens zurück. Ihre Namen erinnern noch heute daran. Nach der Brücke von Sylvéréal gelangen wir über die D 38 in die Camargue und erreichen schließlich LES SAINTES-MARIES-DE-LA-MER.
Notre-Dame-de-la-Mer (Bild 5) war im 12. Jahrhundert eine bescheidene ländliche Prioratskirche und gehörte zur Abtei Montmajour, wo Bethanierinnen in hohem Ansehen standen. Die Kirche war eine Art Vorposten für die Region von Arles an diesem verlassenen Strand, der schutzlos den Übergriffen von Piraten ausgeliefert war. Das ursprüngliche Gebäude aus kleinen Bruchsteinen umfaßte nur ein einschiffiges Langhaus mit drei Jochen. Seine Apsis war jedoch umgeben von Bogenstellungen auf acht schlanken Säulen, deren Kapitelle mit schönem Laubwerk, Masken oder kleinen Szenen verziert sind. Darunter befindet sich eine Darstellung der Passion, symbolisiert durch das Opfer Abrahams. Im 14. Jahrhundert erhielt die Kirche eine Befestigungsmauer mit Zinnen und Pechnasen.
Am 3. Dezember 1448 wurden die Reliquien der heiligen Frauen hierhergebracht, die in Gegenwart des Königs René exhumiert worden waren. Damit erhielt der Ort wachsende Bedeutung für die Pilger, um so mehr, als die Zigeuner, die es damals verstärkt nach Frankreich zog, in Sarah ihre Schutzpatronin erkannten. Die Kirche erwies sich bald als zu klein und wurde nach Westen um zwei Joche verlängert. Eine Krypta wurde gegraben und eine hochgelegene Kapelle über der Apsis errichtet, die die Reliquien aufnehmen sollte. Das Fest von Saintes-Maries, Hauptpilgerfahrt für Provençalen und Zigeuner, führt jedes Jahr am 24. und 25. Mai viele Tausend Menschen in die vom Rauch der Kerzen schon ganz geschwärzte Basilika. Ihre Außenmauern strahlen allerdings noch immer golden in der südlichen Sonne.
Über die Nationalstraße N 570 fahren wir quer durch die *Camargue* zurück nach Arles. Das *Centre d'Information* in Gines und das *Musée Camarguais* in Mas du Pont de Rousty (eingerichtet durch die Stiftung Regionaler Naturpark) bieten auf diesem Rückweg weitere Einblicke in das Leben der Region. Wir durchqueren Arles Richtung Avignon und halten uns an der ersten Gabelung rechts (D 17). So gelangen wir zur ABTEI MONTMAJOUR. Sie liegt wie auf einer Felseninsel inmitten des früher sehr sumpfigen Umlandes und bot sich im Mittelalter schon von der Natur des Geländes her als Ort der Einsamkeit und des Gebetes an. Zu karolingischer Zeit zogen sich einige Eremiten hierher »in die Wüste« zurück und wachten über einen kleinen Friedhof, dessen Gräber in die Felsen gehauen waren. Im Jahre 949 schenkte eine fromme Frau, Teucinde, die Insel den Mönchen, allerdings unter der Bedingung, daß sie eine benediktinische Klostergemeinschaft gründen sollten. Zahlreiche weitere Schenkungen und die besondere Gunst der Grafen der Provence ermöglichten der unter die Schutzherrschaft Petri gestellten Abtei einen bemerkenswerten Aufschwung, und die Mönche wurden mächtige Grundherren. Auch eine große Pilgerfahrt zu den Kreuzreliquien, genannt »Pardon de Montmajour«, die jedes Jahr am 3. Mai stattfand, trug zum Gedeihen der Abtei bei.

Die Kirche *Saint-Pierre* ist die ursprüngliche Klosterkirche. Sie stammt aus der Mitte des 11. Jahrhunderts und wurde am Südhang des Hügels errichtet. So liegt sie in der Sonne und ist gegen den Mistral geschützt. Der Bau besteht aus zwei Schiffen mit Apsiden und vorgelagertem Narthex und verfügt an der Ostseite über einen Durchgang zu einer bescheidenen Einsiedelei mit mehreren Zellen. Dieser Komplex, der teilweise in den Fels gehauen ist, sowie der davorliegende, der die Fassade bildet, sind typisch für die Wohnbauten in Gebieten, wo Kalkstein vorherrscht: Hier finden wir Wohnhöhlen und an die Felswand angelehnte Anbauten. Obwohl die Kirche nicht besonders groß und damit offenbar einer zunächst nicht sehr zahlreichen Klostergemeinschaft angemessen war, überzeugt sie durch eine großartige Raumwirkung und eine Schlichtheit, die die Harmonie der gemauerten Bogenstellungen nur um so eindrucksvoller hervortreten läßt. Die Bögen stützen sich rechts auf römische Säulen, links auf mächtige quadratische Pfeiler mit eingestellter Säule. Die mit einfachen Akanthusblättern, Ranken- oder Flechtwerk oder vertikalen Rillen verzierten Kapitelle tragen geometrische Rosetten, die sich auf die Mitte des 11. Jahrhunderts datieren lassen. Somit sind diese Kapitelle von besonderer Bedeutung für die Kenntnis der frühen romanischen Kunst der Provence *(premier art roman provençal).*
Die Schlichtheit dieser bescheidenen Kirche läßt die oben auf dem Hügel zwischen Felsengräbern gelegene *Abteikirche Notre-Dame* nur um so vollkommener und majestätischer erscheinen, gleichsam als eine Herausforderung an die Mächte des Todes. Die ausgewogene Anordnung der Baukörper und geometrischen Flächen, die Qualität der sparsam eingesetzten Bauzier ebenso wie das äußerst sorgfältig gesetzte Mauerwerk verleihen der Kirche eine monumentale Kraft. Dieses Streben nach plastischer Vollkommenheit gründet sich auf das Wissen um die Kunst des Bauens: In Anlehnung an eine in der römischen Architektur häufige Lösung verrät die polygonale, hohe Außenmauer nichts über den komplexen vertikalen Aufbau im Innern, in dem sich eine einschiffige Kirche über einer Krypta mit Chorumgang und Chorumgangskapellen erhebt. Diese sind gleich hoch unter einem Dach zusammengefaßt und bilden eine Art Krone, aus der der Turm emporragt. Ein Vorbild für diese Gestaltung könnte die berühmte, aus der Römerzeit stammende Tour Magne in Nîmes sein. Die romanische Abteikirche wurde in der zweiten Hälfte des 12. Jahrhunderts über einem sehr ehrgeizigen Grundriß errichtet, doch wurde sie wegen der gegen Ende des Jahrhunderts eintretenden Wirtschaftskrise nie vollendet.
Die wegen ihrer großzügigen Proportionen bemerkenswerte *Oberkirche* umfaßt nur zwei der ursprünglich geplanten fünf Joche und schließt mit einer provisorischen Fassade ab. Das durch tiefe Bogenstellungen gegliederte einschiffige Langhaus trägt ein leicht spitzes Tonnengewölbe und wird von doppelt gestuften Gurtbögen unterspannt. Es trifft auf ein schmales Querhaus mit Kreuzrippengewölbe über der Vierung. Die von zwei Apsidiolen flankierte Mittelapsis mit kurzem Chorjoch bringt wohl am besten die ganze Fülle dieser für den feierlichen Klostergottesdienst geplanten Architektur zum Ausdruck. Auf einem halbkreisförmigen Grundriß errichtet, wird sie von einer Halbkuppel über fünf flachen Rippen überwölbt. Diese stützen sich auf ein profiliertes Gesims – einziger Schmuck dieses durch drei Fenster belichteten Teils der Kirche.
Neben der Vollkommenheit in Maß und Raum ist die technische Meisterschaft zu bewundern, die es brauchte, um ein solches Gebäude an einem Abhang auf schwierigem Grund zu errichten. Die Genialität der Konstruktion offenbart sich in der *Unterkirche*, die dazu diente, das Gefälle auszugleichen. Sie ist ein herrliches Beispiel für die Anpassung an die natürlichen Gegebenheiten des Untergrunds und bietet zugleich einen ausgefeilten, in seiner Komplexität für die Provence einzigartigen Grundriß. Ein steiler Gang, der im Verlauf der Bauarbeiten nach und nach zu einem Mittelschiff erweitert wurde, führt hinunter. Das lange und schmale Querhaus, dessen südlicher Arm ganz in den Fels gehauen ist, wird von vier massigen Gurtbögen überwölbt, die an den Unterbau römischer Amphitheater erinnern. Das Herz bildet eine Rotunde, der ein mächtiges rechteckiges

Joch vorgelagert ist. Sie erhält ihr Licht durch fünf Rundbogenfenster und ist von einer gemauerten Kuppel überwölbt. Ein runder Umgang umschließt sie. Er ist so konzipiert, daß der Blick unwillkürlich emporgelenkt wird. Nur die Kragsteine, auf die sich die Leergerüste einst stützten, unterbrechen das herrliche Mauerwerk. Der Anschluß der Kuppel an das ihr vorangestellte Joch wurde mit Hilfe eines von einem Rundbogen ausgehenden, sich abflachenden Gewölbes bewerkstelligt. Die fünf Umgangskapellen, deren Achsen im Altar im Zentrum der Rotunde zusammenlaufen, verfügen jeweils über ein schmales Vorjoch. Sie sind mit Halbkuppelgewölben versehen und außen von rechteckigen Mauervorsprüngen umschlossen, die eine Art Krone bilden.
Die vollkommene Raumgestaltung, das meisterliche Spiel mit Licht und Schatten, das die Kirche mit kühlem Halbdunkel erfüllt, und die völlige Schmucklosigkeit, die dem ebenmäßigen Mauerwerk die verdiente Beachtung zubilligt, machen diese Kirche vielleicht zur schönsten romanischen Kirche der Provence, in der die Gegenwart Gott am nächsten, am spürbarsten ist.

Der *Kreuzgang*, Mittelpunkt des klösterlichen Lebens, schließt an die Südseite des Langhauses an (Bild 7). Er ist rechteckig (26 × 24 m) und umgibt einen Innenhof mit einer der Zisternen, in der das von den mit Kalkplatten gedeckten Dächern herablaufende Regenwasser für die Wasserversorgung der Mönche gesammelt wurde.
Architektonisch verdient dieser Kreuzgang Beachtung wegen der mächtigen, stark gedrückten Spitztonnengewölbe über breiten Gurten, die den Schub des Gebäudes auf die Strebepfeiler ableiten und zugleich die Bogenstellungen weitgehend entlasten.
Jeder Flügel des Kreuzgangs wird durch drei mächtige rechteckige Pfeiler mit kanneliertem Schaft in drei Joche unterteilt. Die Gurtbögen stützen sich beiderseits auf skulptierte Konsolen, deren Motive dem phantastischen und symbolischen Bestiarium jener Zeit entnommen sind (menschenfressende Ungeheuer, Tarasken, Feuer, Sonne, Mond, Mistral ...). Sie sind mit so viel Phantasie und Hingabe gestaltet, daß sie zu den bemerkenswertesten Skulpturen des Kreuzgangs zählen. Im Ostflügel sind nur wenige romanische Kapitelle erhalten, während die übrigen aus dem 14. Jahrhundert stammen (Südseite) oder Nachbildungen sind. Der Westflügel wurde im 18. Jahrhundert stark umgestaltet. Dabei hat man die Bogenstellungen zubetoniert, um die Gewölbe besser stützen und den alten Bau an das neue Kloster der Kongregation Saint-Maur anschließen zu können, dessen Pläne von Jean-Baptiste Franque stammten. Dieser imposante Komplex war übrigens bei Ausbruch der Revolution noch unvollendet. Er wurde im 19. Jahrhundert als Steinbruch mißbraucht, wobei die Steine vor allem 1860 beim Bau der Rhônequais in Arles Verwendung fanden. Später wurden vor allem die sehr schönen unteren Säle mit ihrem herrlichen Mauerwerk umfangreichen Renovierungen unterzogen. Im Jahre 1369 hatte die Abtei einen hohen, rechteckigen Turm in Bossenmauerwerk errichtet, um sich gegen die Angriffe und Plünderungen der »Grandes Compagnies« zu schützen.
Die Kapelle *Sainte-Croix* bewahrt Reliquien, denen die Wallfahrt am 3. Mai gilt. Die Kapelle erhebt sich inmitten des in den Felsen eingelassenen Friedhofs etwas abseits des Klosters und ist ein Vierpaßbau mit einem kleinen, rechteckigen Vorraum (Bild 6). Der Hauptraum besteht aus vier halbrunden Apsiden mit Halbkuppelgewölben, die um ein quadratisches Mitteljoch mit Klostergewölbe angeordnet sind. Dieses herrliche kleine Bauwerk aus dem ausgehenden 12. Jahrhundert vereinigt in sich sämtliche Hauptzüge der romanischen Kunst in der Region um Arles: Die elegante Komposition verbindet sich meisterlich mit einem subtilen Schmuckwerk, etwa am Konsolgesims. Die Proportionen der einzelnen Raumteile sind wunderbar aufeinander abgestimmt, die Mauern verzichten auf jeden Dekor und nehmen den exakt zugehauenen Steinen nichts von ihrer Wirkung, die durch das Licht und die Einbettung der kleinen Kapelle in die Natur noch gesteigert wird. Ein idealer Ort für Meditation und Gebet.

Zweiter Reiseweg: Avignon, die Alpilles und die Montagnette

Ausgangs- und Zielpunkt: Avignon: ca. 130 km. Michelin-Straßenatlas S. 158; Michelin-Karte 83, Planquadrat 10 und Karte 84, Planquadrat 1, oder Karte 93, Planquadrate 11, 12, 25 und 26. Rundweg, verschiedene Ausgangspunkte möglich: von Aix aus über die N 7 oder die A 7 ist die erste Station Avignon oder Salon, von Arles aus über die N 570 beginnt der Reiseweg in Saint-Gabriel; Dauer: zwei Tage.

Dieser zweite Reiseweg führt uns durch den zwischen Rhône und Durance gelegenen nördlichen Teil des Departements Bouches-du-Rhône und läßt uns die Eigenheiten zweier niedriger Kalksteingebirge, der Alpilles und der Montagnette, entdecken. Sie schließen das Land um Arles nach Norden hin ab. Landschaft und Vegetation, die Lebensweise ihrer Bewohner und ein reiches kulturelles Erbe verleihen ihnen ein ganz eigenes, kraftvolles und liebenswertes Gepräge.
Daß wir gerade Avignon zum Ausgangspunkt unseres Reiseweges gewählt haben, unterstreicht die im Mittelalter so enge Beziehung zwischen dieser Stadt, die später Sitz der Päpste werden sollte, und dem Norden der arlesischen Region, die, bis auf Maillane, zur Diözese Avignon gehörte.
Über dem majestätisch dahinfließenden Lauf der Rhône, in der die Lebensadern der reichen Ebene des Comtat zusammenfließen, erhebt sich der Rocher des Doms. Er war der heilige Berg zahlreicher Kulturen, von der Frühsteinzeit bis zum präromanischen Oppidum AVENNIO und bis hin zu den Päpsten im 14. Jahrhundert.
Im Mittelalter erhoben sich an seinem Südhang drei auf den frühchristlichen Bischofssitz zurückgehende Kirchen. Ganz oben stand die der heiligen Jungfrau geweihte Kathedrale *Notre-Dame-des-Doms*, deren heutiger Name erstmals im Jahre 1085 erwähnt wurde. Das unterhalb der Kathedrale errichtete Baptisterium des heiligen Johannes ist heute verschwunden, während die Pfarrkirche Saint-Étienne 1317 durch die Kapelle Saint-Jean du Palais Vieux ersetzt wurde.
Die Kathedrale wurde 1037 erstmals genannt. Der heutige Bau ist jedoch wohl erst ab dem frühen 12. Jahrhundert in drei Bauphasen entstanden. Sein Kern ist ein fünfjochiges Schiff mit Spitztonnengewölbe und ohne Seitenschiffe. Den östlichen Abschluß bildete eine halbrunde Apsis, während sich im Westen ein quadratischer Turm erhob. Die Trompen, über denen sich seine Kuppel im Innern spannte, waren mit den Symbolen der vier Evangelisten verziert. Später wurde das letzte Joch des Langhauses ebenfalls mit einer Kuppel versehen, die sich auf vier gestufte Bögen stützte. Diese waren zwischen den Gurtbögen eingefügt worden. Ein Laternenturm über der Kuppel verbesserte die Belichtung des Altarraums. Schließlich wurde an der Westseite ein fast kubischer Narthex mit Satteldach vorgelagert, in dessen dreieckigem Giebelfeld sich ein stark ausgeschrägter Okulus öffnet. Seine Vollendung in Form und Raumgestaltung sowie die Verwendung einer streng antiken Ornamentik machten diesen Portikus zu einem Meisterwerk der romanischen Kunst.
Ein besonderes Gepräge erhält die Bischofskirche durch den in der Provence seltenen mächtigen Turm über der Westfassade. Sein wuchtiger Unterbau dient als Vorhalle. Die oberen Partien stürzten im Jahre 1405 ein und wurden erst später im 15. Jahrhundert wieder aufgebaut. Das Innere der Kirche wirkt heute mit der 1672 in das Langhaus eingefügten eleganten Galerie eher klassizistisch. Die Apsis, die die wachsende Zahl der Kanoniker nicht mehr aufnehmen konnte, wurde durch ein weiteres Chorhaupt ersetzt.
Von besonderer Bedeutung für dieses Langhaus sind die Kapitelle auf den Pilastervorlagen. Ihre Basis entspricht der Kämpferzone der Bogenstellungen, während zwischen den Kapitellen und

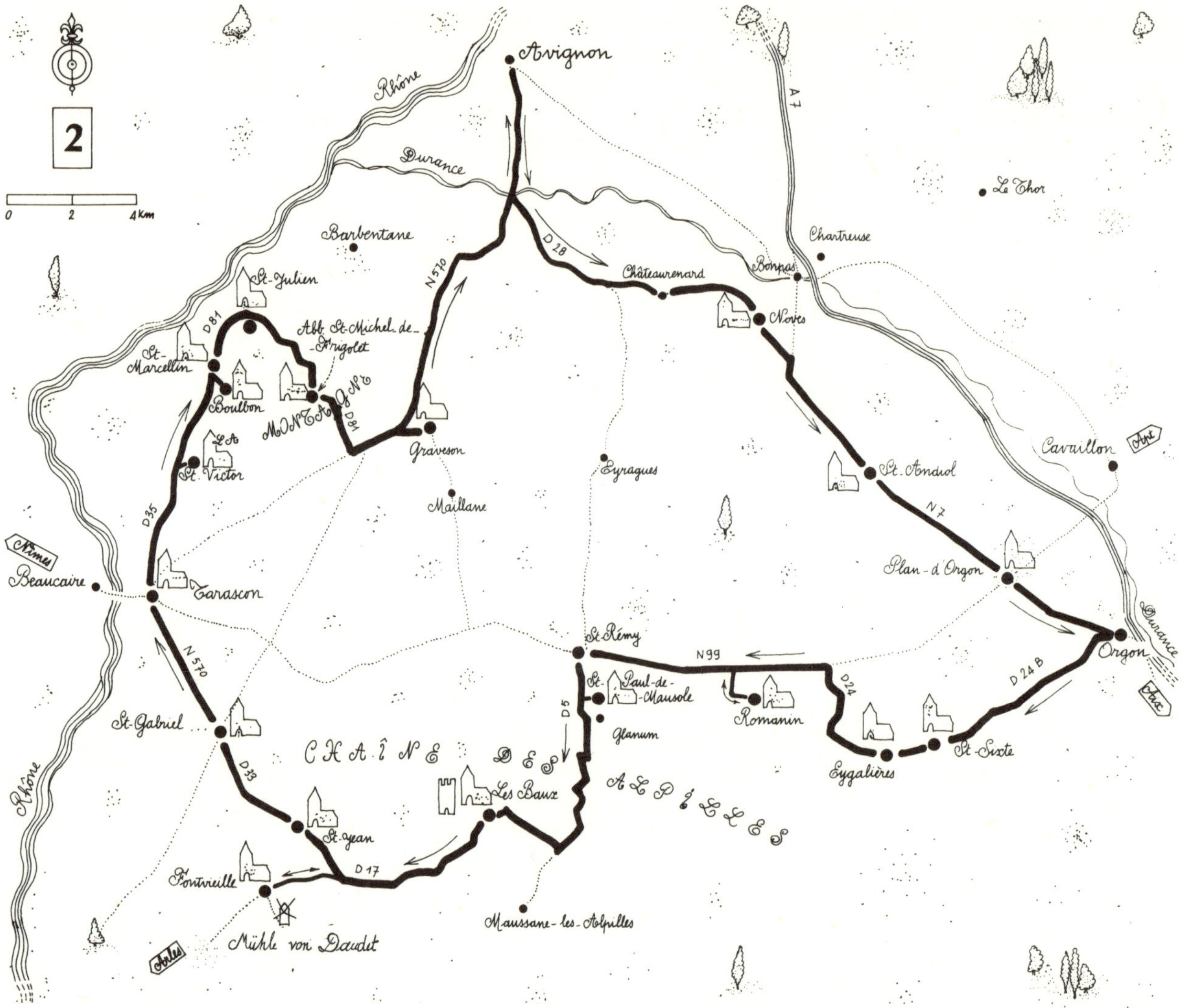
2
0 2 4 Km
Avignon
Rhône
Durance
A7
Le Thor
Barbentane
Chartreuse
N570
D28
Châteaurenard
Bonpas
St-Julien
Abb. St-Michel-de-Frigolet
D81
St-Marcellin
Boulbon
Noves
Graveson
St-Victor
Cavaillon
Apt
St-Andiol
Eyragues
Maillane
N7
D35
Nîmes
Beaucaire
Tarascon
Plan-d'Orgon
St-Rémy
N99
Orgon
Durance
N570
St-Paul-de-Mausole
D24
D24 B
Aix
Romanin
St-Gabriel
D5
Glanum
CHAÎNE DES ALPILLES
Eygalières
St-Sixte
D33
Les Baux
St-Jean
D17
Fontvieille
Mühle von Daudet
Maussane-les-Alpilles
Arles
Rhône

dem Gesims eine Zwischenzone eingeschoben ist, um das Schema des antiken Gebälks zu wahren. Einen ähnlichen Bauschmuck finden wir in Aix, Arles, Cavaillon, Carpentras und Saint-Restitut und sogar in so mancher Dorfkirche. Er macht eine der Besonderheiten der romanischen Kunst in der Provence aus.
In der Kathedrale sind einige besonders schöne Teile der romanischen Ausstattung erhalten, etwa der Bischofsthron aus weißem Marmor, den die Symbole der Evangelisten Markus und Lukas zieren, oder ein kubischer Altar mit einem von zwei Engeln getragenen Christus und ein marmorner Tafelaltar, der vielleicht der ursprüngliche Hauptaltar der Kathedrale war.
Wenn wir uns nun vom Rocher des Doms hinunter zur Rhône wenden, fällt unser Blick auf die *Brücke von Avignon*, allseits bekannt aus dem gern gesungenen Kinderlied. Es war wohl die Herausforderung, den wilden Wassern des Flusses und den ungezähmten Kräften des Mistral zu trotzen, zugleich aber auch die wirtschaftliche Bedeutung dieser letzten Verbindungsstelle zwischen Provence und Languedoc, die einen jungen Schäfer aus der Ardèche, Bénézet, dazu veranlaßten, im Jahre 1177 auf göttlichen Befehl in Avignon eine Brücke zu errichten.
Die Existenz der Brücke ist seit 1185 belegt, als bereits Zölle beim Übergang erhoben wurden. Eine Bruderschaft mit der Bezeichnung »Œuvre du Pont« war mit der Verwaltung der Brücke betraut. Bei Arbeiten im Flußbett stieß man im Jahre 1969 auf die Überreste einer römischen Brücke, die in der Spätantike zerstört wurde. Ihre Pfeilerstümpfe dienten der hölzernen Brücke aus dem 12. Jahrhundert als Basis. An den beiden Enden der Brücke wurden mächtige Eichenpfähle als Stützen in das Flußbett gerammt. Das erklärt die relativ kurze Bauzeit der Brücke von nur sieben Jahren und auch ihre kurze Existenz: Sie wurde bereits 1226 zerstört.
Erst im 13. Jahrhundert wurde eine Steinbrücke errichtet. Der Kampf gegen die wilden Fluten der Rhône war jedoch damit nicht ausgefochten. 1660 wurde die Brücke endgültig zerstört.
Die Kapelle *Saint-Nicolas*, an deren schmales Langhaus sich ein weit größeres, wuchtiges, polygonales Chorhaupt anschließt, erhebt sich auf dem zweiten Brückenpfeiler (Einbandrückseite). Sie umfaßt zwei Ebenen: In der tiefer gelegenen Kapelle, die im 12. Jahrhundert gegründet wurde, werden die Reliquien des heiligen Benezettus aufbewahrt. Sie bilden das Ziel einer regen Wallfahrt. Die obere Kapelle, die im 13. Jahrhundert auf dem Niveau der Brücke errichtet wurde, ist dem heiligen Nikolaus geweiht.

Wir verlassen nun Avignon und fahren auf der N 571 nach Süden in Richtung Châteaurenard. Bevor wir die Durance überqueren, halten wir kurz im Zentrum des linker Hand liegenden neueren Stadtviertels Saint-Ruf. Hier gründeten am 1. Januar 1039 vier Kanoniker des Kapitels von Notre-Dame-des-Doms eine neue Kirche. Sie wurde bald zum Mittelpunkt eines Ordens, dessen Tochterabteien sich in der gesamten Christenheit und bis ins Heilige Land ausbreiten sollten. Von dieser *Abtei Saint-Ruf*, die bereits im 17. Jahrhundert zerfallen war, stehen heute nur noch Chorhaupt und Querschiff. Letzteres erhielt später eine Befestigung mit Zinnen.
Die wenigen verbliebenen Überreste und ihr Dekor vermitteln uns eine Ahnung von der ursprünglichen Vollkommenheit und Harmonie dieser Kirche, Wiege einer äußerst ungewöhnlichen Bildhauerschule, die sich eng mit den Glaubensüberzeugungen der Kanoniker von Saint-Ruf verband.
Wir fahren zurück auf die D 571, überqueren die Durance und gelangen nach der Ortschaft Châteaurenard bald nach NOVES, einem Ort, der über einem vorrömischen *oppidum* an einem wichtigen Verkehrsknotenpunkt und einer Furt durch den Fluß errichtet wurde. Die Nordfassade der mittelalterlichen Festung ist ansprechend renoviert. Sie grenzt an die Kirche *Saint-Baudile*, deren Turm im nachhinein zum Wachtturm ausgebaut wurde. Das imposante Gebäude stammt aus dem 11. Jahrhundert, wurde in der Mitte des 12. Jahrhunderts erneuert und später häufig umgebaut. Besonders schön ist die Raumaufteilung des Langhauses mit der herrlichen achteckigen Trompen-

kuppel über der Vierung, während die Apsis von einer Halbkuppel überwölbt ist. Die zahlreichen Seitenkapellen lassen die Kirche von außen äußerst komplex erscheinen. Das romanische Mauerwerk aus mittelgroßen Quadern ist bemerkenswert und weist besonders an der Apsis sehr schöne Steinmetzzeichen auf.
Wir verlassen Noves auf der D 28 und gelangen auf der N 7 Richtung Süden nach SAINT-ANDIOL. Das Dorf trägt denselben Namen wie seine Kirche, die hier im Mittelalter in einem von den Benediktinern von Saint-Victor in Marseille urbar gemachten Sumpfgebiet errichtet wurde. In der äußerst heterogenen Kirche sind noch das ursprüngliche Langhaus mit seinem leicht spitzen Tonnengewölbe und eine halbrunde Apsis erhalten, um die sich zahlreiche Anbauten gruppieren. Als im 14. Jahrhundert die Grandes Compagnies, Söldnertrupps aus verarmten Rittern, auftauchten, umgab die Gemeinschaft die Kirche mit einer Festungsmauer mit Pechnasen und Zinnen, so daß sie heute der Kirche von Saintes-Maries-de-la-Mer ähnelt. Bevor wir Saint-Andiol verlassen, empfiehlt sich ein Besuch der Kapelle *Sainte-Croix*, einer bescheidenen Friedhofskapelle, die jedoch eine Besonderheit aufweist: Das Gewölbe des Chorjochs verläuft quer zu dem des Langhauses und wird überfangen von einem Satteldach.
Unser nächstes Ziel ist die Kapelle *Saint-Véran*. Wir erreichen sie über die N 7, die wir kurz vor ORGON verlassen, um auf die D 26 in Richtung Cavaillon abzubiegen. Der erste Weg, der nach links abgeht, führt uns nach 800 Metern zu der Kapelle, die rechts in einer kleinen Baumgruppe steht. Obwohl die Kirche leider sehr zerfallen ist und eigentlich nur noch aus der Apsis und dem letzten Joch des Langhauses besteht, ist sie dennoch ein bedeutendes Zeugnis des romanischen Kunstschaffens in der Provence. Auch hier ausgewogene Proportionen, meisterhaftes Mauerwerk und ein ausgefeilter Dekor (Bild 11 und 12). Während verschiedene Reliefplatten an der Apsis kleine Figuren zeigen und damit an die Metopen von Saint-Quenin in Vaison erinnern, verweist der Türsturz mit den abgeflachten Rosetten und dem Rankenwerk über dem Seiteneingang auf antike Inspiration. Andere, sehr sorgfältig und ganz unterschiedlich gestaltete Schmuckelemente, etwa die fächerförmigen Palmetten, die tympanonartig die Fenster überfangen, erinnern an Vorbilder im Tricastin.
Wir fahren ein Stückchen auf demselben Weg zurück, überqueren die N 7 und gelangen auf der D 24B nach EYGALIÈRES. Kurz vor dem Ortseingang steht links oberhalb der Quellen, die früher den Aquädukt von Arles speisten, die Kapelle *Saint-Sixte*, die wohl über einem antiken Heiligtum errichtet wurde. Ihre äußere Gliederung wurde stark verändert, ihre elegante Silhouette inmitten von Zypressen, Mandel- und Olivenbäumen ist jedoch zu einer Art Symbol für die Einfachheit der ländlichen Provence geworden.
Das alte Dorf schmiegt sich eng an den Berg und wird überragt vom Festungsturm der Burg und den Mühlen, die im Laufe der Zeit ihre Flügel eingebüßt haben. Innerhalb der Stadtmauer stehen die alte romanische Pfarrkirche *Saint-Laurent* und die Kapelle der Pénitents Blancs aus dem 17. Jahrhundert dicht beieinander.
Wir verlassen Eygalières in nördlicher Richtung. Die D 74A bringt uns zurück in die Ebene und führt uns auf die N 99, Richtung Saint-Rémy. Vorbei an der kleinen Kapelle von *Romanin* (Abzweigung links nach 4 km, Richtung Flugplatz) gelangen wir nach SAINT-RÉMY, durchqueren diesen Ort und fahren dann südlich in Richtung der Ausgrabungen von *Glanum*. Es sind die Ruinen einer heiligen Stadt der Salluvier.
Unweit der antiken Stätte erhebt sich links am Ende der Allee der mächtige romanische Turm des Klosters *Saint-Paul de Mausole*, das seinen Namen bereits seit 1117 trägt und ihn dem Mausoleum der Julier verdankt. Hier lebten unter der Leitung eines Propstes Chorherren, die der Regel des heiligen Augustinus folgten. Seit 1080 widmeten sich die frommen Männer in diesem noch ganz von heidnischen Göttern beherrschten Landstrich dem Gebet und der Meditation und wirkten als

»Missionare«. Bemerkenswert an der schlichten Kirche, deren Fassade im 18. Jahrhundert renoviert wurde, sind die schmalen Seitenschiffe, deren Vierteltonnengewölbe eine Art fortlaufendes Widerlager für das Mittelschiff bilden. In dem um 1140 bis 1150 errichteten Kreuzgang mit schönem schmalfugigem Quaderwerk verbindet sich die Strenge der wuchtigen Pfeiler mit der Eleganz der Kapitelle in den Bogenstellungen (Bild 13). Der Blattschmuck an den Kapitellen der älteren Nord- und Ostflügel ist einfach nur profiliert, während wir in den in einem zweiten Bauabschnitt im späten 12. Jahrhundert entstandenen Kapitellen des West- und Südflügels die wachsende Vorliebe für antikes Schmuckwerk erkennen. Auch Anklänge an die Skulptur des Kreuzgangs von Arles sind nicht zu übersehen (Greifen oder menschliche Masken in Rankenwerk). Die Gliederung des Turmes verweist ebenfalls auf die Antike. Eher archaisch wirkende Arkaden vereinigen sich mit einer typisch römischen Betonung der Vertikalen. Den Abschluß bildet eine Attika, während der Fries mit kleinen, über Eck gestellten Quadraten an eine Schmuckform aus der Gegend von Lyon erinnert, die hier jedoch mit Rücksicht auf die mediterrane Vorliebe für die Wirkung des Lichtes variiert wurde.
Auf der D 5 fahren wir am Fuße des von Mistral besungenen Mont Gaussier entlang (»Le Lion d'Arles«). Durch eine tiefe Schlucht bei Pierre Malle durchqueren wir die Alpilles, die »wie ein griechisches Felsmassiv umgeben sind von einem Gürtel aus Olivenbäumen«. Im Süden stoßen wir auf Weinberge und Mandelbäume und gelangen schließlich zur Abzweigung der D 27A, die uns nach LES BAUX führt. In einer großartigen Landschaft erhebt sich die scheinbar unbezwingbare Burganlage, deren Ruinen eins zu sein scheinen mit dem Felsen. Die Geschichte dieses für die Provence des Mittelalters so bedeutenden Ortes ist bis heute durchwoben von Sagen und Legenden. Die Oberstadt, deren Häuser eng an die Burg mit ihrem zu Anfang des 13. Jahrhunderts erneuerten Bergfried angelehnt sind, verdient eine ausgiebige Besichtigung.
Interessant ist auch die Kirche *Saint-Vincent*, ein im 12. Jahrhundert gegründetes Priorat, das 1481 Pfarrkirche wurde. Das schwer zugängliche Gelände erklärt ihren ungewöhnlichen Grundriß, der breiter ist als lang. Das südliche Seitenschiff ist in den Fels gehauen. Das Chorhaupt wurde 1609 sehr geschickt um ein Joch erweitert. Ein imposantes Portal, dessen Bogenwölbungen mit stilisierten Blättern verziert sind, nimmt der Fassade etwas von ihrer Strenge. Einziges weiteres Schmuckwerk der Fassade ist eine Steinplatte mit eingravierter Tarasque – einem drachenartigen Fabeltier, das in zahlreichen provençalischen Legenden vorkommt.
Ganz oben im Dorf, in der Nähe des alten Hospitals, steht die Ruine der Kapelle *Saint-Blaise*, deren Fassade mit einem schönen Okulus und hohen Bogensteinen über dem Portal erhalten ist.
Wir fahren auf der D 33A, die einer alten Römerstraße folgt, von Les Baux hinunter und am südlichen Rand der Alpilles entlang. Eine kurze Fahrtunterbrechung empfiehlt sich an der Kirche *Saint-Jean-du-Grès* (kleine Abzweigung links, D 82C). Sie war die ursprüngliche Pfarrkirche von FONTVIEILLE und erhebt sich, gestützt von vier wuchtigen, erst später angefügten Strebepfeilern, zwischen Olivenbäumen. Diese kleine, wunderbar schlichte und bescheidene Landkirche fügt sich ausgezeichnet in die strenge Schönheit der Landschaft ein und entspricht ganz der Wesensart der Bewohner.
Am westlichen Ausläufer der Alpilles, dort, wo die D 33 auf die N 570 trifft, liegt zwischen Olivenbäumen, Kiefern und Zypressen die Kirche SAINT GABRIEL (Bild 8). Die Landschaft ringsum erinnert unwillkürlich an das alte Griechenland, wenngleich die sommerliche Luft erfüllt ist von den vielfältigen Düften der Provence. In römischer Zeit war die Ortschaft mit dem Namen *Ernaginum* ein wichtiger Verkehrsknotenpunkt. Die Bewohner brachten Reisende und Waren über die ausgedehnten Sumpfgebiete und stellten damit die Verbindung zwischen den Unterläufen von Durance und Rhône her. Diese bedeutende Aufgabe erhielt sich auch nach den Überfällen der Sarazenen, und noch im 12. Jahrhundert waren die Bewohner dieses Dorfes, das von seinem hohen

Wehrturm mit Bossenwerk überragt wurde, wohlhabend genug, um einem bedeutenden Künstler die Gestaltung ihrer Kirche zu übertragen. Mit der Trockenlegung des Sumpflandes versiegte jedoch die Haupteinnahmequelle der Gemeinde, und die Bewohner zerstreuten sich in alle Winde. Übrig blieb schließlich nur diese dem heiligen Gabriel geweihte Kapelle in ländlicher Abgeschiedenheit.

Ihr Aufbau ist recht einfach: Sie besteht aus einem einschiffigen Langhaus mit mächtigen Strebepfeilern und einer fünfseitigen Apsis, die mit Kalksteinplatten gedeckt sind. Die Quader, die aus einem nahen Steinbruch gewonnen wurden, fügen sich zu einem Mauerwerk von höchster Perfektion. In seiner Strenge und Ebenmäßigkeit verleiht es der Kirche, zusammen mit der Ausgewogenheit der Raumteile, eine erhabene Eleganz. Das Skulpturenwerk des Portals entfaltet vor diesem Hintergrund eine ganz besondere Wirkung. Unter einem mächtigen Rundbogen öffnet sich das Portal. Es ist umgeben von einem herrlichen, antikisierenden Dekor, bestehend aus einem Dreiecksgiebel auf zwei eingestellten Halbsäulen mit korinthischen Kapitellen. Auf dem Tympanon sind zwei Szenen einander gegenübergestellt: Adam und Eva stehen nach dem Sündenfall rechts und links des Baumes, an dem sich die Schlange emporwindet; ihnen gegenüber hebt Daniel inmitten der Löwen betend seine Arme empor. Der Engel, der die Szene beherrscht, hält den in den Hintergrund verbannten Propheten Habakuk, der einen Korb trägt, am Haarschopf. Daniel, Verweis auf Christus, der zu den Toten hinabfuhr und schließlich wiederauferstand, ist zugleich das Bild des Christenmenschen, der die Sünde – hier symbolisiert durch die Löwen – überwunden hat. Unsere Stammeltern hingegen sind der Versuchung erlegen. Beide Themen sind von der Aussage her den Darstellungen am Portal von Saint-Trophime in Arles sehr ähnlich.

Ein zweites Flachrelief im Dreiecksgiebel stellt die Verkündigung und die Heimsuchung Mariens dar (Bild 8). Die Figuren – der Erzengel Gabriel, Namenspatron der Kirche, die Heilige Jungfrau und schließlich Maria und Elisabeth – stehen unter Bogenstellungen, die alten Sarkophagen nachempfunden sind.

Im Giebel der Fassade umgeben die Symbole der Evangelisten einen bemerkenswerten Okulus: er ist eingefaßt von konzentrisch angeordneten Schmuckbändern, deren Dekor ausschließlich antiker Ornamentik entliehen ist.

Die Ähnlichkeit dieses Dekors mit dem des Westportals der Kirche von Saint-Paul-les-Trois-Châteaux und mit den Skulpturen im Nordflügel des Kreuzgangs von Arles legt die Vermutung nahe, daß nach der Auflösung der Bauhütte des Kreuzgangs von Saint-Trophime um 1170 einer der Bildhauer hierherkam, um die Fassade von Saint-Gabriel zu gestalten. Später zog er weiter in das Tricastin. Damit ließe sich der Bau dieser Kapelle auf das dritte Viertel des 12. Jahrhunderts datieren, eine Zeit, die ihre Vorliebe zur Antike in meisterlichen Nachahmungen manifestierte, die häufig einhergingen mit besonders sorgfältigen Mauerverbänden. Aus der Entstehungszeit heraus ließe sich auch der für provençalische Kirchen im ländlichen Raum seltene Gestaltungsaufwand der Fassade erklären. (Der Schlüssel der Kirche ist beim Office du tourisme in Tarascon hinterlegt.)

Über die N 570 gelangen wir nach TARASCON, wo gegenüber dem berühmten Schloß des Königs René das schöne Südportal der Stiftskirche *Sainte-Marthe* (Bild 9) erhalten ist. Das am ersten Juni 1197 geweihte, im 14., 15. und 17. Jahrhundert jedoch stark erneuerte oder veränderte Kirchengebäude hat bis heute sein herrliches romanisches Portal behalten. Es ist beeinflußt von einem der Tore in der römischen Festungsmauer von Nîmes: Über einem mächtigen Rundbogen verläuft eine Blendbogengalerie und darüber eine Art Attika. Mit seinem antikisierenden Schmuckwerk steht dieses Portal der arlesischen Kunst sehr nahe.

Wir verlassen Tarascon auf der D 35 in Richtung Norden und halten bei der Kapelle *Saint-Victor* (etwa 3 km weiter, Abzweigung nach rechts, Richtung Mas des Mourgues). Das bereits im 11.

Jahrhundert erwähnte ländliche Priorat des Kapitels Saint-Agricol in Avignon hat aus seiner Entstehungszeit eine außen polygonale Apsis mit kleinteiligem Mauerwerk und eine Kapelle an der Südseite erhalten, die eine Art Querhausarm bildet. An das Langhaus wurde im 12. Jahrhundert ein zweites Joch angefügt. Es schließt mit einem Westportal ab, dessen aus länglichen Bogensteinen gefügter Rundbogen von einer profilierten Archivolte umfaßt wird.

Die D 35 führt uns direkt nach BOULBON, in ein typisches Dorf der Provence, eng an die Höhen der Montagnette geduckt, mit malerischen Gassen und überragt von einer majestätischen Burgruine. Die Kapelle *Saint-Marcellin* erhebt sich westlich des Ortes inmitten eines Kiefernwäldchens nahe dem Friedhof. Mit ihren wunderbar ausgewogenen Proportionen ist sie ein hervorragendes Beispiel für die provençalische Baukunst in der zweiten Hälfte des 12. Jahrhunderts, denn trotz des schlichten Äußeren wirkt sie durch das nüchterne Schmuckwerk des Südportals in einem römischen Sinne monumental.

Die Westfassade hingegen erinnert in verschiedenen Partien des Mauerwerks noch an den ursprünglichen Kirchenbau aus dem 11. Jahrhundert. Aus diesem Bau stammt auch ein in einen Steinblock gehauenes Kuppelfenster mit Christusmonogramm, einer großen segnenden Hand und einem kreuztragenden Lamm.

Am Abend des 1. Juni, dem Vorabend des Festes zu Ehren des heiligen Marcellin, wird in Boulbon mit großem Engagement das Fest »du Saint-Vinage« gefeiert, auf dem auch um Regen angerufen wird. Nach der »Prozession der Flaschen« durch die Dorfstraßen wird der Wein für die Kranken als bestes Mittel gegen Fieber gesegnet. Die Zeremonie findet in der Kapelle statt, und Frauen haben zu dieser Feierlichkeit keinen Zutritt.

Verlassen wir Boulbon auf der D 35 und der D 81 Richtung Norden, so entdecken wir bald rechter Hand auf einem kleinen Hügel, umgeben von immergrünen Eichen, die Kapelle *Saint-Julien.* Obwohl sie sich in beklagenswertem Zustand befindet, ist sie doch ein hervorragendes Beispiel für die Schönheit der kleinen ländlichen Kirchen in der Umgebung von Arles.

Wir fahren weiter auf der D 81 und erreichen im Herzen der Montagnette die berühmte ABTEI SAINT-MICHEL-DE-FRIGOLET. Im Jahre 1858 brachten Prämonstratenser neues Leben in dieses Kloster aus dem 12. Jahrhundert, das bis dahin ganz sich selbst überlassen gewesen war. Beim Bau der weiträumigen neugotischen Basilika integrierten sie die romanische Kapelle *Notre-Dame-du-Bon-Remède* in das nördliche Seitenschiff. Im Mittelalter sprudelte an diesem Wallfahrtsort eine wunderwirkende Quelle. 1638 erhielt die Kapelle dank einer Schenkung Annas von Österreich eine sehr schöne Holzvertäfelung. Auch ein Besuch der ursprünglichen Klosterkirche *Saint-Michel* ist anzuraten. Der quadratische Kirchturm überragt den im Norden angrenzenden Kreuzgang. Er erinnert an den von Montmajour und entspricht, massig und schlicht, dem klösterlichen Armutsideal. Über die D 89 und die D 28 gelangen wir wieder hinunter ins fruchtbare Tal des Tavez und halten in GRAVESON. Die Pfarrkirche des Ortes, *Notre-Dame-de-Grâce*, wurde im 19. Jahrhundert renoviert. Eine herrliche Trompenkuppel mit den Symbolen der vier Evangelisten, eine Apsis mit Halbkuppelgewölbe und sieben Rundbogenstellungen sind hier erhalten. Die Kirche wird außen gestützt durch die Überreste der mittelalterlichen Festung.

Auf der N 570 fahren wir zurück nach Avignon.

Die Bildseiten

10

11

12

SALON 14

◁ SAINT-RÉMY-DE-PROVENCE

15 *LA ROQUE-D'ANTHÉRON*

BÉDOIN

VAL DES NYMPHES

21

ROUSSAS

SAINT-RESTITUT

23 *LA BAUME-DE-TRANSIT*

24

COLONZELLE

27

COMPS

28

PONT-DE-BARRET

SAINT-
MARCEL-
LÈS-SAUZET

SÉNANQUE

CARLUC

CASENEUVE

SALAGON

NOYERS-SUR-JABRON

SISTERON

SIMIANE

SAINT-CHRISTOL ▷

25 *Colonzelle (Drôme). Saint-Pierre. Die Kapelle von Südosten.*
26 *Colonzelle. Saint-Pierre. Ehemaliges Südportal.*
27 und 28 *Comps (Drôme). Saint-Pierre et Saint-Paul. Trompen der Querhauskuppel.*
29 *Comps. Die Kirche von Südosten.*
30 *Pont-de-Barret (Drôme). Die Kirche von Südosten.*
31 *Saint-Marcel-lès-Sauzet (Drôme). Blick aus dem Langhaus in den Chor.*
32 *Le Thor (Vaucluse). Das Chorhaupt von Süden.*
33 *Cavaillon (Vaucluse). Kathedrale Notre-Dame. Glockenturm.*
34 *Fontaine-de-Vaucluse (Vaucluse). Chor.*
35 *Fontaine-de-Vaucluse. Burgruine.*
36 *Sénanque (Vaucluse). Kreuzgang.*
37 *Venasque (Vaucluse). Innenansicht.*
38 *Saint-Symphorien-de-Buoux (Vaucluse). Der Glockenturm in der Einsamkeit des Tals.*
39 *Céreste (Alpes-de-Haute-Provence). Blick auf die Gesamtanlage des Priorats Carluc.*
40 *Caseneuve (Vaucluse). Westfassade der Burg.*
41 *Saint-Martin-les-Eaux (Alpes-de-Haute-Provence). Chor.*
42 *Mane (Alpes-de-Haute-Provence). Notre-Dame de Salagon. Die Kirche von Norden.*
43 *Saint-Donat (Montfort, Alpes-de-Haute-Provence). Blick auf die Kirche von Nordosten.*
44 *Noyers-sur-Jabron (Alpes-de-Haute-Provence). Die Kirche des alten Dorfes von Nordwesten.*
45 *Ganagobie (Alpes-de-Haute-Provence). Ausschnitt aus dem Fußbodenmosaik im südlichen Querhausarm: Ein Ritter bezwingt einen Drachen.*
46 *Sisteron (Alpes-de-Haute-Provence). Ansicht des Ortes von Osten.*
47 *Saint-Trinit (Vaucluse). Die Kirche von Nordosten.*
48 *Simiane-la-Rotonde (Alpes-de-Haute-Provence). Die Rotunde von Süden.*
49 *Saint-Christol (Vaucluse). Detail der Apsis.*
50 *Lardiers (Alpes-de-Haute-Provence). Kapitelle des Nordportals.*

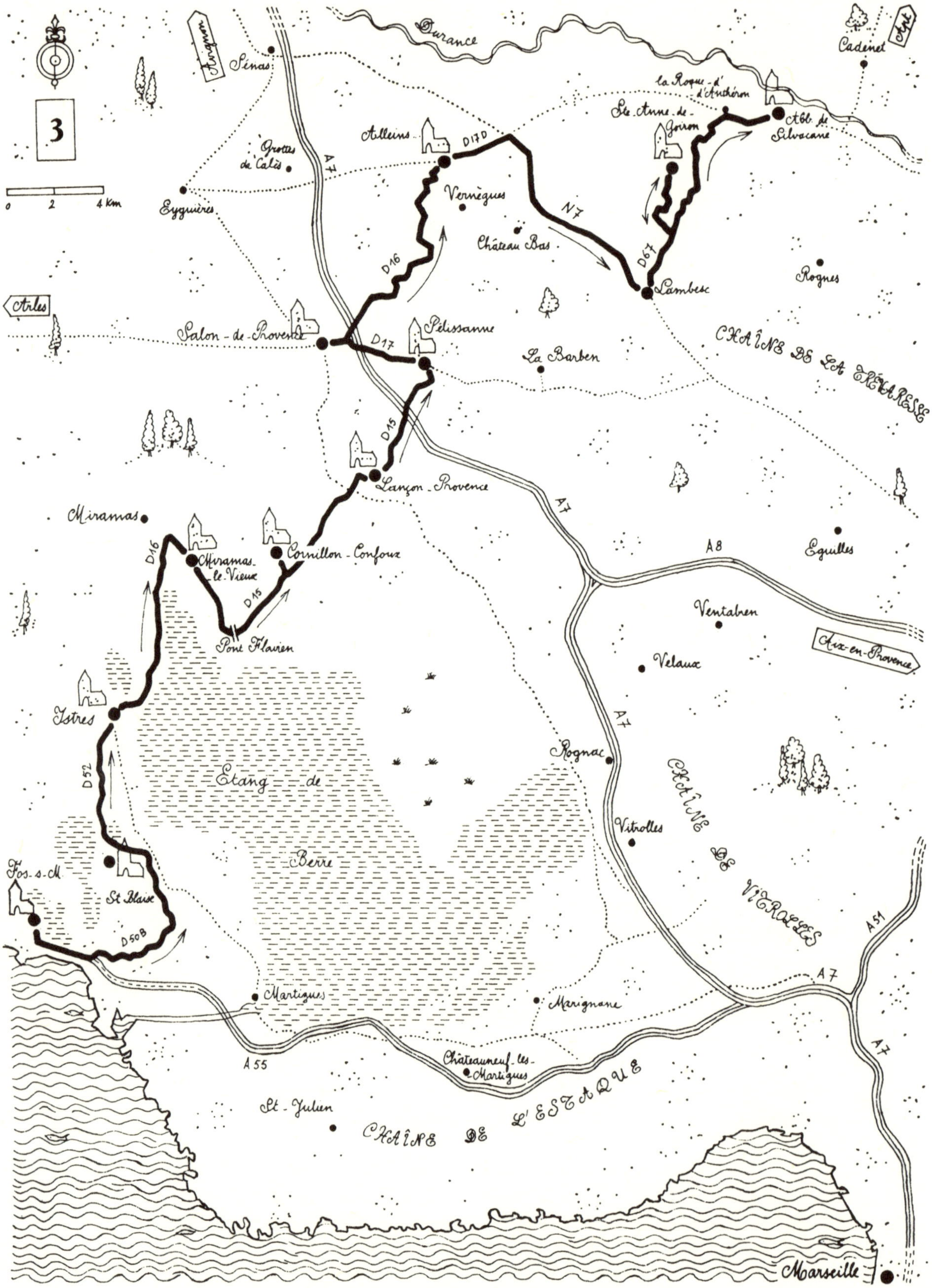
3
0 2 4 Km
Avignon
Sénas
Durance
Cadenet
Apt
La Roque-d'Anthéron
Ste-Anne-de-Goiron
Abb. de Silvacane
Alleins
D17D
Grottes de Calès
Eyguières
A7
Vernègues
Château Bas
N7
D67
D16
Lambesc
Rognes
Arles
Salon-de-Provence
D17
Pélissanne
La Barben
CHAÎNE DE LA TRÉVARESSE
D15
Lançon-Provence
Miramas
D16
Miramas-le-Vieux
Cornillon-Confoux
D15
Pont Flavien
A8
Eguilles
Ventabren
Aix-en-Provence
Velaux
Istres
D52
Etang de Berre
Rognac
CHAÎNE DE VITROLLES
Vitrolles
Fos-s-M.
St Blaise
D50B
A51
A7
Martigues
Marignane
A55
Châteauneuf-les-Martigues
CHAÎNE DE L'ESTAQUE
St-Julien
Marseille

Dritter Reiseweg: Die Crau und das Land um Aix

Von Fos-sur-Mer zur Abtei Silvacane über Salon-de-Provence: ca. 100 km. Michelin-Karte 84, Planquadrate 11, 1 und 2; Karte Nr. 93, Planquadrate 13 und 12; Tagesausflug, kein Rundweg.

Die stürmische Entwicklung, die aus dieser gottverlassenen Gegend in wenigen Jahren einen bedeutenden Industriestandort machte, sollte uns nicht vergessen lassen, daß FOS bereits in der Antike eine blühende Hafenstadt war. Sie lag an der Mündung des berühmten Kanals der *Fosses Mariennes,* den der römische Konsul Marius um 102 v. Chr. anlegen ließ, damit die Schiffe die Sand- und Geröllaufschüttungen in der Rhônemündung besser umfahren konnten.
Fos liegt auf einer kleinen Erhebung aus Kalkstein, die das flache Sumpfland überragt und sich ausgezeichnet zu Verteidigungszwecken eignete. Der Hügel war bereits im frühen Mittelalter befestigt und trug eine Burganlage. Das Land teilte sich die Familie Fos mit dem Erzbischof von Arles und dem Arleser Geschlecht der Porcelet.
Die aus gelblichem, grobkörnig-weichem Stein gebaute Kirche *Saint-Sauveur* erhebt sich ganz oben auf dem Fels und scheint eins zu sein mit dem Hügel und mit der Festungsmauer, die sie an der Nordseite verstärkt. Der erste Kirchenbau an dieser Stelle wurde bereits im 10. Jahrhundert erwähnt. Er stand inmitten eines Friedhofs, dessen in den Fels gehauene Grabkammern wie in Montmajour noch sichtbar sind. Auch die noch erhaltene Apsis über quadratischem Grundriß ist zum Teil in den Kalkfelsen gehauen. Die im 12. Jahrhundert wiederaufgebaute Kirche besteht aus einem zweischiffigen Langhaus mit vier Jochen und trägt ein Tonnengewölbe. Die wehrhafte und schwerfällige Silhouette über den Seen wird von einem kleinen, viereckigen Glockenturm mit vierseitigem Dach überragt. Unwillkürlich denkt man an Notre-Dame-la-Major in Arles.
Am Fuße des Hügels steht außerhalb der Stadtmauer Richtung Meer, von einem mittelalterlichen Friedhof umgeben, die Kapelle *Notre-Dame.* Die Schmucklosigkeit des kleinen Gebäudes lenkt unsere Aufmerksamkeit auf das harmonische Verhältnis ihrer einzelnen Bauteile zueinander, auf das herrliche Mauerwerk sowie die polygonale Apsis mit sieben unterschiedlich breiten Flächen. In der Kirche werden archäologische Funde aus dem alten Hafen aufbewahrt, die der Freundeskreis zur Erhaltung des alten Fos (Les Amis du Vieux Fos) hier zusammengetragen hat.
Auf der N 568 und der D 50 gelangen wir nach SAINT-MITRE, wo die Festungsmauer aus dem frühen Mittelalter noch erhalten ist. Wir durchqueren den Ort und kommen über die D 51 auf die Hochebene von SAINT-BLAISE, eine Art natürliche Zitadelle am Nordende der felsigen Landenge zwischen dem Étang de Lavalduc und dem Étang de Citis. Von hier aus schweift der Blick weit über die Camargue, die Crau, den Étang de Berre und die Alpilles bis zum Meer. Wirksam geschützt durch einen bewundernswerten hellenistischen Schutzwall spielte das hier gelegene vorrömische *oppidum* vom 6. bis zum 1. Jahrhundert vor unserer Zeitrechnung eine sowohl strategisch wie handelspolitisch bedeutende Rolle als westlicher Vorposten Marseilles. Dies haben Ausgrabungen erwiesen, die seit 1935 vor Ort durchgeführt werden.
Die Hochebene blieb zur Zeit der Pax romana unbesiedelt. In frühchristlicher Zeit wurde hier jedoch eine Ortschaft unter dem Namen *Ugium* gegründet, von deren Kirche, *Saint-Pierre,* nur noch Ruinen erhalten sind. Wir erkennen den basilikalen Grundriß, das Presbyterium sowie einen Ambo für den Lektor. Nachdem die Sarazenen im 9. Jahrhundert in das Land eingefallen waren, siedelten sich die Bewohner des zerstörten und entvölkerten mittelalterlichen Dörfchens um die Pfarrkiche *Notre-Dame-de-Castelveyre* an, die am nördlichsten Ausläufer des Plateaus hinter einer 1213 errichteten Festungsmauer geschützt lag. Neuere Ausgrabungen haben gezeigt, daß diese romanische Kirche, die später dem heiligen Blasius geweiht wurde und die auch dem Ort seinen Na-

men gab, der Nachfolgebau dreier älterer Bauwerke ist. Die Kirche steht auf den Überresten einer frühchristlichen Basilika und in unmittelbarer Nachbarschaft zu zwei Kirchen aus dem 10. und 11. Jahrhundert, die sich teilweise überlagern und deren Ruinen vor der Westfassade aufragen. Die versteckt in einem Kiefernwäldchen liegende Kapelle Saint-Blaise ist ein eher bescheidener Bau aus regelmäßig gesetzten, kleinen Feldsteinen, gestützt durch mächtige Strebepfeiler. Während das Dorf Castelveyre schließlich von seinen Einwohnern verlassen wurde, ist sie seit dem Ende des 14. Jahrhunderts Priorat unter der Obhut eines hier lebenden Eremiten.
Die D 52 führt uns weiter nach ISTRES mit seinem bemerkenswerten mittelalterlichen Ortskern und zu einem Friedhof am Ufer des Étang de l'Olivier. Hier steht die bescheidene romanische Kapelle *Saint-Sulpice.* Ihr kleinteiliges Mauerwerk besteht aus dem örtlichen Kalkstein, der hier eine warme, goldgelbe Farbe annimmt. Das einschiffige Langhaus und die Apsis sind mit Kalkplatten gedeckt und werden von einem reizvollen kleinen Kirchturm aus dem 17. Jahrhundert überragt.
Wir umfahren den Nordzipfel des Étang de Berre auf der D 16, die entlang des Ufers verläuft. Von hier aus hat man einen wunderbaren Blick auf das sich eng an den Fels schmiegende Dorf MIRAMAS-LE-VIEUX. Sein Name verweist auf das herrliche Panorama, das sich dem Betrachter von dem stolzen Felsen mit seinen Mauern aus der Feudalzeit bietet: *Miramar,* d. h. der das Meer – hier das Binnenmeer – betrachtet. Wir wandern zum Dörfchen hinauf, machen aber am Friedhof halt, um die Kapelle *Saint-Julien* anzuschauen. Sie ist schmucklos wie alle Friedhofskapellen der Gegend, besitzt jedoch einen sehr schönen Kirchturm und eine äußerst harmonische Westfassade mit meisterlich gesetztem Mauerwerk. Unter einem Okulus öffnet sich ein Rundbogenportal mit hohen profilierten Bogensteinen. Sie werden ihrerseits von einer Archivolte umfaßt, deren Verzierung aus einem doppelten Lauf von Kugel- und Sägezahnfries besteht.
Wir überqueren die Touloubre und halten bei der FLAVISCHEN BRÜCKE (Pont Flavien), der einzigen bis heute erhaltenen römischen Brücke, die zu beiden Seiten, bei der Auf- und Abfahrt, mit einem Triumphbogen versehen ist. Lucius Donnius Flavius, ein römischer Priester, der für den Kult um Rom und Augustus verantwortlich war, hat den Bau in seinem Testament verfügt.
Die D 15 schlängelt sich einen Felsausläufer empor, auf dem das malerische Dörfchen CORNILLON liegt. Am Eingang zum Friedhof findet sich direkt an der Straße die Kapelle *Saint-Vincent,* ein Bau von ergreifender Schlichtheit. Drei römische Stelen sind in ihrem Mauerwerk eingelassen. Eine davon trägt den Namen von Quintus Cornelius Philocles, einem ehemaligen Sklaven des Q. Cornelius, der dem aus einem weitläufigen antiken Grundbesitz entstandenen Ort möglicherweise seinen Namen verliehen hat.
Wir fahren weiter auf der D 15 und gelangen zu der befestigten Ortschaft LANÇON. An ihrem Fuße steht innerhalb eines alten Friedhofs die Kapelle *Saints-Cyr-et-Juliette.* Ihre herrlichen Proportionen, die Ausgewogenheit ihrer Bauteile und das meisterhafte Mauerwerk machen sie zu einem der schönsten Zeugnisse des romanischen Kunstschaffens in der ländlichen Provence.
Die D 15 führt uns schließlich nach PÉLISSANNE. Wir durchqueren den Ort (ab Ortsmitte D 68) und finden etwa 900 Meter südwestlich gelegen die Kapelle *Saint-Laurent de Cabardel.* Fachkundige Ausgrabungen an der romanischen Kirche zeigen, daß hier bereits im Altertum eine römische Villa stand, deren Platz im frühen 6. Jahrhundert eine Kapelle mit umliegendem Gräberfeld einnahm. Sie wurde wohl in karolingischer Zeit und nochmals im Jahre 1069 erneuert. Erst als die Besiedelung hier wieder zunahm, also im 12. und 13. Jahrhundert, erhielt sie die Bedeutung einer Pfarrkirche, um die herum sich der Friedhof ausbreitete. Wenig später zog es die Bevölkerung ins heutige Pélissanne. Die Kirche aus dem 12. Jahrhundert wurde jedoch weiterhin als Gotteshaus genutzt und im 17. Jahrhundert restauriert. Damals erhielt sie auch das elegante Glockentürmchen.
 Im Herzen des mittelalterlichen Festungsstädtchens SALON liegt am Fuße der Burg *Empéri,* einer

Festungsanlage der Erzbischöfe von Arles, in der heute ein Militärmuseum eingerichtet ist, die Kirche *Saint-Michel.* Sie stammt aus dem 13. Jahrhundert, also bereits aus der Übergangszeit zur Gotik. Bemerkenswert ist vor allem ihr Westportal. Im skulptierten Tympanon (Bild 14) sind die Reliefplatten mit den figürlichen, sehr hieratisch wirkenden Darstellungen des Lammes Gottes und des heiligen Michael neben solche mit naturnah und plastisch gestalteter Flora gestellt, die sicher aus dem 12. Jahrhundert stammen und hier wiederverwendet wurden.

In malerischen, schattigen Windungen erklimmt die D 16 über die Val-de-Cuech den Höhenzug, der die Beckenlandschaft um Salon von der breiten Ebene der Durance trennt. Vorbei an den Überresten mehrerer längst aufgegebener Kapellen erreichen wir das alte Dörfchen Vernègues, das 1909 durch ein Erdbeben endgültig zerstört wurde. Wir fahren daran vorbei hinab nach ALLEINS. Entlang der mittelalterlichen Umfassungsmauer durchqueren wir die Ortschaft und verlassen sie auf der D 17D wieder in Richtung Friedhof. Hier steht die bescheidene und ganz einfache kleine Kapelle *Saint-Pierre-ès-Liens.* In ihrer Südmauer ist das Fragment des sehr schönen Frieses eines römischen Mausoleums eingelassen und zeugt, wie in Cornillon, von der Bedeutung des antiken Erbes in der romanischen Baukunst der Provence.

Die D 17D führt zurück auf die N 7, auf der wir weiterfahren bis nach Lambesc, vorbei an dem rechter Hand gelegenen *Château-Bas* mit seiner kleinen Kapelle *Saint-Césaire*, die in die herrlichen Ruinen eines römischen Tempels hineingebaut wurde. Am Ortseingang von Lambesc nehmen wir links die D 67A, die in steilen Windungen die Hügelkette der Côtes erklimmt und nach *Sainte-Anne-de-Manivert*, einem alten Höhlendorf, führt, dessen Wohnhöhlen in den steilen Kalkfelsen gehauen sind. Von dort oben genießt man einen weiten Blick über die Kette der Trévaresse und das Tal der Durance. Die kleine zauberhafte Kapelle *Sainte-Anne-de-Goiron* (Bild 16) unterstand einst als Priorat der Abtei Silvacane. Sie steht fest gegründet auf einem Felsen, in den zahlreiche Grabkammern eingetieft sind. Bemerkenswert sind die Ausgewogenheit ihrer Bauteile und das sehr schön gesetzte Bruchsteinmauerwerk der Apsis mit zahlreichen Steinmetzzeichen. Vor dem Südportal öffnet sich unter einem Rundbogen eine Art Narthex. Die Stille und die Schönheit der unberührten Natur lassen diese Kapelle besonders geeignet erscheinen für Gebet und Meditation.

Wir fahren nordwärts auf der D 67A wieder hinab, gelangen auf der N 561 nach *La Roque d'Anthéron* und erreichen in Richtung Aix mit der ABTEI SILVACANE die letzte Station unseres Reisewegs. Die 1147 gegründete Tochterabtei von Morimond ist neben Sénanque und Le Thoronet die jüngste der drei »Zisterziensischen Schwestern« der Provence. Sie wurde gegen 1175 erbaut, und zwar nicht, wie ihre Schwesterbauten, in der Einsamkeit eines schattigen Tales, sondern ganz im Gegenteil auf einer kleinen Anhöhe über dem breiten Bett der Durance. Der Fluß fließt hier langsam über Kieselsteine und durch sumpfiges Gelände. Der Name der Abtei erklärt sich übrigens aus der Vegetation: *silva cannorum* meint Wald aus Schilfrohr.

Die Abteikirche besteht aus einem Mittelschiff mit Spitztonnengewölbe, das von zwei breiten Seitenschiffen flankiert wird und in ein Querhaus mündet, auf dessen Querhausarme sich je zwei gerade endende Kapellen öffnen. Auch das Chorhaupt ist flach. In ihrer wunderbaren Schlichtheit, in ihren vollkommenen und majestätischen Proportionen, in dem exakt zugeschnittenen Mauerwerk wie in der hohen Qualität der Skulptur der Halbsäulen und der klar geschnittenen Blattwerkkapitelle veranschaulicht diese Kirche das zisterziensische Ideal von Reinheit, Schmucklosigkeit und Vollkommenheit.

Nördlich der Kirche, etwas tiefer am Hang, sind der Kapitelsaal, der Saal der Mönche und das Refektorium um einen wuchtigen und schmucklosen Kreuzgang mit dicken Mauern angeordnet. Mächtig und karg zugleich erweckt er einen Eindruck von Kraft und Konzentration auf das Wesentliche und lädt zu Gebet und Sammlung ein.

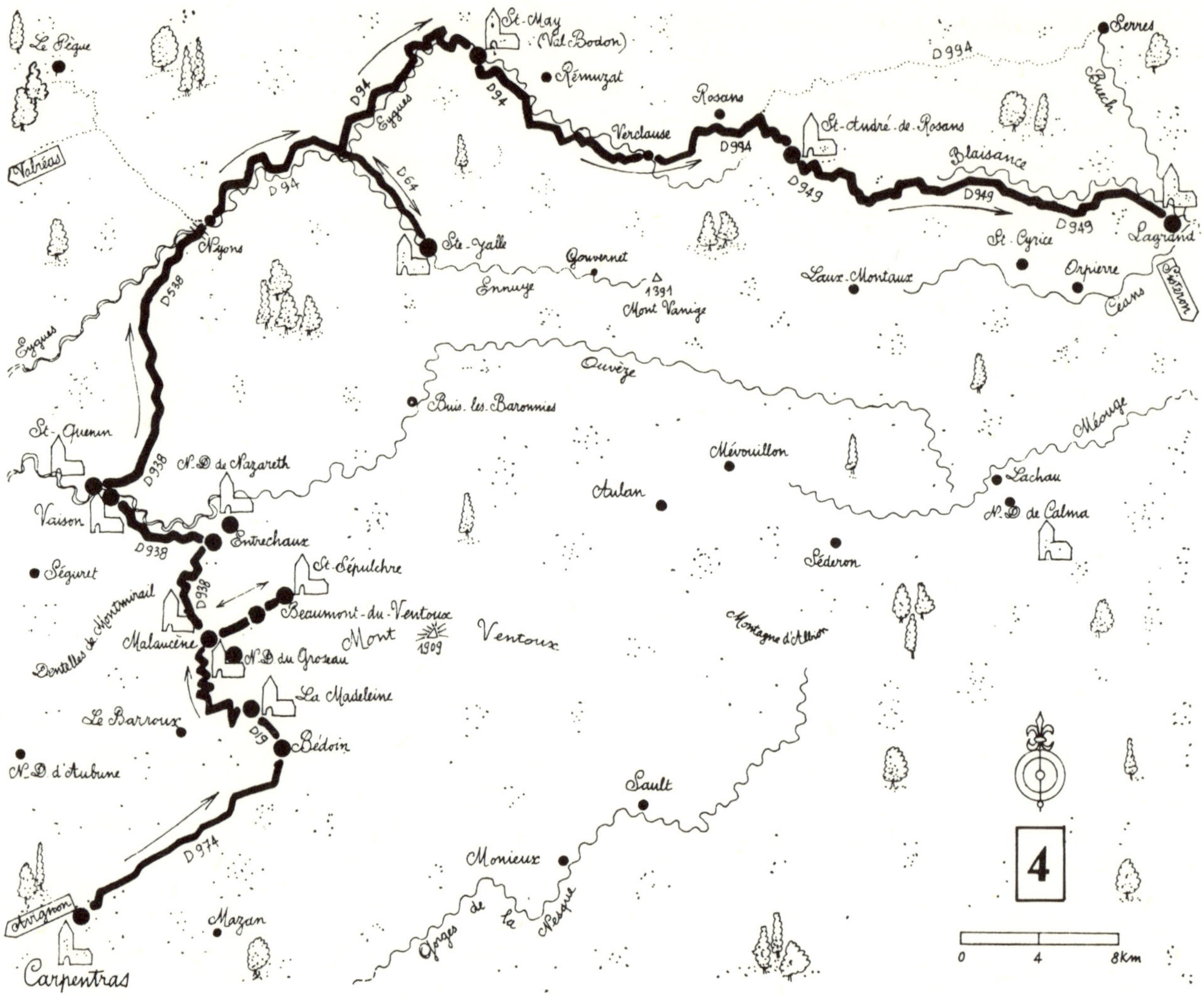

Le Pègue
St-May
(Val-Bodon)
Rémuzat
Serres
D994
Buech
D94
Eygues
Rosans
Verclause
D994
St-André-de-Rosans
Blaisance
D949
D949
D949
Lagrand
Valréas
D94
D64
Nyons
Ste-Jalle
Gouvernet
1391
Mont Vanige
Ennuye
Laux-Montaux
St-Cyrice
Orpierre
Céans
Sisteron
D538
Eygues
Ouvèze
Buis-les-Baronnies
St-Quenin
D938
N.-D. de Nazareth
Mévouillon
Méouge
Lachau
Vaison
Aulan
N.-D. de Calma
Entrechaux
D938
Séguret
St-Sépulchre
D938
Séderon
Beaumont-du-Ventoux
Dentelles de Montmirail
Malaucène
Mont
1909
Ventoux
Montagne d'Albion
N.-D. du Groseau
La Madeleine
Le Barroux
D19
Bédoin
N.-D. d'Aubune
Sault
D974
Monieux
Avignon
Gorges de la Nesque
Mazan
Carpentras
4
0
4
8Km

Vierter Reiseweg: Das Comtat-Venaissin und die Baronnies

Carpentras, Vaison, Lagrand: ca. 157 km. Michelin-Karte Nr. 81, Planquadrate 12, 13, 3, 4 und 5. Kein Rundweg. Ausflug für zwei Tage.

CARPENTRAS war religiöser und politischer Mittelpunkt des gallischen Volksstammes der *Memini*, deren Siedlungsgebiet von natürlichen Grenzen eingefaßt war. In der Antike entwickelte sich *Carpentorate* zu einer Handelsstadt mit zentralem ländlichen Markt *(forum)* und gewann eine Bedeutung, die es zwei Jahrtausende lang mit erstaunlicher Kontinuität bewahren konnte. Im Mittelalter war die Stadt Hauptort der Grafschaft Venaissin. Von der romanischen Kathedrale ist nur das Chorjoch mit Kuppel übriggeblieben. Es wurde in eine schöne gotische Kirche integriert, die im 15. Jahrhundert an ihre Stelle trat. Der Kirchenschatz ist noch zu besichtigen. Ein römischer Triumphbogen auf dem Platz hinter dem Justizgebäude, dem ehemaligen Bischofspalast aus dem 17. Jahrhundert, diente als nördliches Seitenportal dieser Kirche.

Die D 974 bringt uns zum Fuß des Mont Ventoux nach BÉDOIN. Etwa drei Kilometer vor der Ortschaft liegt etwas unterhalb der Straße nach Malaucène (D 19), von der aus man weit über das Comtat blickt, die Prioratskirche *La Madeleine* inmitten von Eichen, Pinien und Zypressen in einer großartigen, friedvollen Landschaft (Bild 17). Die Kirche stammt aus dem zweiten Viertel des 11. Jahrhunderts und ist eines der wenigen Beispiele für den *premier art roman* in der Ebene des Comtat. Auf basilikalem Grundriß errichtet, wirkt der kleine Bau in sich gedrungen. Sein Mauerwerk besteht aus unregelmäßigen Bruchsteinen, die durch grobe Fugen verbunden sind. Das Innere ist spärlich beleuchtet und weist fast keine Skulpturen auf. Es wirkt vor allem durch die harmonische Raumaufteilung. Die herrschende Ruhe und Vertrautheit laden zum Gebet ein.

Von MALAUCENE aus bieten sich zwei Abstecher zu zwei reizvollen romanischen Kirchen an, die ganz in der Abgeschiedenheit der Natur liegen. Am Ende eines durch einen Höhenzug – einen letzten Ausläufer des Mont Ventoux – verschlossenen Tales (D 974) liegt die Kirche von *Le Groseau.* Um die hier entspringende Quelle hatte sich bereits zu römischer Zeit ein Heiligtum gebildet. Geschichte, Architektur und Landschaft lohnen den Besuch des Ortes. Bereits für das späte 7. Jahrhundert ist hier ein Kloster nachgewiesen. Das Langhaus der Kapelle ist zerstört, und nur ein Chorjoch mit Trompenkuppel und eine von einer Halbkuppel überwölbte Apsis mit antikisierenden Schmuckelementen aus dem zweiten Viertel des 12. Jahrhunderts sind noch erhalten (Bild 18). Im dritten Viertel des 12. Jahrhunderts wurde der Bau nach Süden um eine Art Querhaus erweitert, auf das sich eine Apsidiole mit sorgfältig gearbeiteten Skulpturen öffnete. Der Schlüssel ist im Pfarrhaus von Malaucène hinterlegt.

Überragt vom Massiv des Mont Ventoux erhebt sich am Eingang eines wilden und grandiosen Seitentals (D 153) die Kirche *Saint-Sépulcre* von BEAUMONT-DU-VENTOUX. Sie gehörte wie die Kirche von Le Groseau zur Abtei Saint-Victor in Marseille und kann als klassisches Beispiel für die Architektur der Mitte des 12. Jahrhunderts gelten (Bild 25). Ihr äußerst sorgfältiges Quaderwerk und die zahlreichen Steinmetzzeichen (unter anderem auch *Vgo*) lassen annehmen, daß sie viel der Zunft der Steinmetze und den Arbeitern der Steinbrüche verdankt, die das in der Nähe der Kirche an die Erdoberfläche tretende Sedimentgestein nutzten. Dieses Gestein wurde übrigens bereits in der Antike für die Bauwerke in Vaison und Orange verwendet. Den Schlüssel für die Kirche erhält man in Valettes, einer Ortschaft ganz in der Nähe.

Verläßt man ENTRECHAUX auf der D 13 in nordöstlicher Richtung, so entdeckt man auf einem Hügel ein winziges Kirchlein, *Notre-Dame de Nazareth,* mit mächtigen Mauern und schießschartengleichen schmalen Fenstern. In die Westfassade wurde leider ein modernes Portal eingelassen.

Trotz ihrer bescheidenen Größe gehört diese Kapelle zu den am reichsten geschmückten der Haute-Provence und beheimatet an der Westfassade wie im Innern ein ganzes Bestiarium, das zu bestaunen und zu interpretieren sich lohnt. Es wird der »Werkstatt von Vaison« zugerechnet und in die zweite Hälfte des 12. Jahrhunderts datiert. Der antike Einfluß auf die romanische Skulptur ist hier ganz offensichtlich, was eigentlich in dieser stark von den Römern geprägten Gegend nicht verwundern muß. Den Schlüssel kann man im Dorf bekommen.
Ein besonders evidentes Beispiel für den Einfluß der Römer bietet das nächste Etappenziel: VAISON. Unter dem Namen *Vasio* war es zunächst südliche Hauptstadt der *Vocontii*, die vom Mont Ventoux bis zum Vercors siedelten. Es war eine typische römische Provinzstadt mit Geschäftsstraßen, prächtigen Wohnhäusern und öffentlichen Gebäuden. Im spätrömischen Reich war es Bischofssitz, blieb aber durch das gesamte Mittelalter hindurch ein eher bescheidenes und relativ armes Bergstädtchen. Die Kathedrale *Notre-Dame de Nazareth* ist eine recht große Kirche mit basilikalem Grundriß, deren Hauptmauern und praktisch der gesamte Chor wohl aus der ersten Hälfte des 12. Jahrhunderts stammen. Das Langhaus wurde innen zwischen 1150 und 1160 völlig erneuert. Der Bau beeindruckt durch die Ausgewogenheit seiner Raumteile, seine strenge Eleganz und eine vollkommene Beherrschung des Lichtspiels. Die Ausgrabungen vor den Mauern der Kirche zeigen, daß die Fundamente ihres Chorhauptes unmittelbar auf den Überresten eines vermutlich römischen basilikalen Bauwerkes ruhen: ein beredter Hinweis auf die hier in der Provence so deutlich spürbaren Übergänge von einer Kultur zur anderen. Der an die Nordseite der Kathedrale angebaute Kreuzgang stammt aus dem dritten Viertel des 12. Jahrhunderts. Von seinem Innenhof aus kann man die berühmte, mystische Inschrift sehen, die in die Nordwand der Kirche eingraviert ist und die wohl geeignet war, die Kanoniker zur Meditation anzuregen.
Von Vaison aus fahren wir nach NYONS mit seiner mittelalterlichen Brücke und von dort weiter ins Tal des Flüßchens Eygues (D 938, 138 und 94), das wir bei Curnier kurz wieder verlassen. Wir machen einen Abstecher ins Ennuye-Becken (D 64), eine von Bergen umgebene Beckenlandschaft, die der Mont Vanige mit 1391 Metern überragt. Der antike Name der Hauptstadt *(vicus)* dieses abgelegenen Kantons *(pagus)*, Baginus (im Namen des Berges Vanige bis heute erhalten), wurde im hohen Mittelalter durch den der heiligen Galle ersetzt. Sie war eine Jungfrau aus dieser Gegend und lebte als Nonne in Valence. Im 5. oder 6. Jahrhundert soll sie in einer Basilika begraben worden sein, die dort vermutet wird, wo heute auf einer Wiese in der Nähe einer Kreuzung die romanische Kirche SAINTE-JALLE steht. Diese gehörte zu einem cluniazensischen Priorat, und ihre Bauweise ist wiederum typisch für die romanische Baukunst in der Mitte des 12. Jahrhunderts. Leider hat sie unter den Religionskriegen sehr gelitten und wurde im Laufe der Jahrhunderte stark verändert. Beachtung verdienten die Mittelapsis mit ihren klaren Arkaturen und das Westportal. Sein von der Antike beeinflußtes Schmuckwerk wurde im Tympanon und an den Kapitellen rechts und links durch Szenen aus dem täglichen Leben erweitert. Rechts sind anscheinend das Böse, Dunkelheit und Tod dargestellt, links hingegen das Gute, Licht und Auferstehung.
Ein kleiner Umweg ins obere Ennuye-Tal lohnt sich, denn dort stehen noch die imposanten Ruinen der Burg von *Gouvernet*. Dann geht es jedoch zurück ins Eygues-Tal (D 94). Wir fahren vorbei an SAINT-MAY, einer winzigen Ortschaft, die sich malerisch an den Felsen drückt, der die Schlucht – Les Gorges de l'Eygues – überragt. Der Name des Ortes geht zurück auf den heiligen Marius – im Provençalischen Mary –, der im 6. Jahrhundert erster Abt des nahegelegenen Klosters von Val Bodon war. Einige romanische Überreste dieses Klosters sind noch erhalten. Bis Verclause folgt man den Meandern des Gebirgsbaches und gelangt schließlich in das Rosanais, wo sich die Horizonte wieder weiten.
Gleich nach Rosans verlassen wir die D 994 und fahren weiter auf der D 949 in Richtung Süden.
 Das erste Dorf auf dieser Strecke, SAINT-ANDRÉ-DE-ROSANS am Fuße des Mont Risou, ent-

stand um ein bedeutendes Priorat von Cluny. Die Ruinen der Kirche und der um einen Kreuzgang angelegten Klostergebäude beeindrucken den Besucher noch heute. Der Kreuzgang ist übrigens völlig verschwunden, und ein Gemüsegarten hat seinen Platz eingenommen. Der Niedergang dieses im Jahre 988 gegründeten Klosters, das im 12. und 13. Jahrhundert Heimat für sechs bis zehn Mönche war, begann bereits im 14. Jahrhundert. Im Jahre 1574 steckte Dupuy-Montbrun, Anführer der Protestanten aus der Dauphiné, die Kirche in Brand und plünderte die Klostergebäude. Von dieser Verwüstung hat sich das Priorat nie erholt. Im späten 19. Jahrhundert diente es gar als Steinbruch. In den letzten Jahren war die Kirche, die anstelle eines karolingischen Gotteshauses errichtet wurde, Gegenstand erfolgreicher archäologischer Forschungen. Die eindrucksvollen Ruinen des Chores, des Querhauses und des Ansatzes des Langhauses, die wir heute besichtigen können, stammen wohl aus der zweiten Hälfte oder dem letzten Drittel des 11. Jahrhunderts. Nach einer vermutlich längeren Bauunterbrechung, die auch die Veränderung des Grundrisses zum Basilikalen hin mit sich brachte, wurde zu Beginn oder im ersten Drittel des 12. Jahrhunderts der westliche Teil des Langhauses fertiggestellt. Erst nach diesem Bauabschnitt, zeitgleich also mit dem Mosaik von Ganagobie, wurde im gesamten Chorraum ein Mosaikfußboden eingebracht, der gegenwärtig restauriert wird. In den Jahren 1170 bis 1180 schließlich wurde das Langhaus gänzlich überarbeitet. Aus dieser letzten Bauphase stammt der reiche Skulpturenschmuck, den wir heute bewundern können und in dem fast das gesamte gallo-römische Repertoire vertreten ist. Er wird der »Werkstatt von Vaison« zugeschrieben. Die von Sonne und Regen gezeichneten Mauern des breiten romanischen Kirchenschiffes werden gegenwärtig im Zuge der Instandsetzung des gesamten Komplexes dieses bedeutenden mittelalterlichen Priorats restauriert. Die heutige Dorfkirche ist im Refektorium des ehemaligen Klosters untergebracht.

Wir folgen nun auf der D 949 dem Lauf der Blaisance und kommen nach LAGRAND ins Tal des Flüßchens Buech, wo unsere Fahrt durch das Comtat und die Baronnies endet. Der Ort liegt hoch oben über dem Zusammenfluß dreier Wasserläufe auf einem Ausläufer des Gebirges und war im Mittelalter Sitz eines bedeutenden Priorats des Ritterordens vom Heiligen Grab. Die Kirche *Notre-Dame*, die aus der Spätzeit der Romanik stammt (spätes 12. bis frühes 13. Jahrhundert), ist ein befestigter Bau mit mächtigen Mauern und hat weder vom Grundriß noch vom Aufbau her ihresgleichen in der Umgebung. Vielmehr weist sie bereits die Merkmale der alpenländischen Romanik auf. Das nur wenig verzierte Südportal, dessen weißes Kalksteinrelief sich stark gegen die dunkle Mauer abhebt, war einst Durchgang zu einem heute verschwundenen Kreuzgang, der in der Mitte der Klausurgebäude lag. Der Standort des Klosters hier in den Südalpen hatte ursprünglich einige strategische Bedeutung, und außerdem kreuzten sich hier die Wege von Grenoble nach Sisteron. Aber auch wer zum Oberlauf der Durance oder über die Alpen ins Brionnais oder zum Unterlauf der Rhône wollte, kam hier vorbei. So war das Priorat Lagrand im Mittelalter eine unumgängliche Station für Soldaten, Kaufleute und Pilger. Noch heute sollte keiner, der die Haute-Provence wirklich kennenlernen möchte, diesen Ort auslassen.

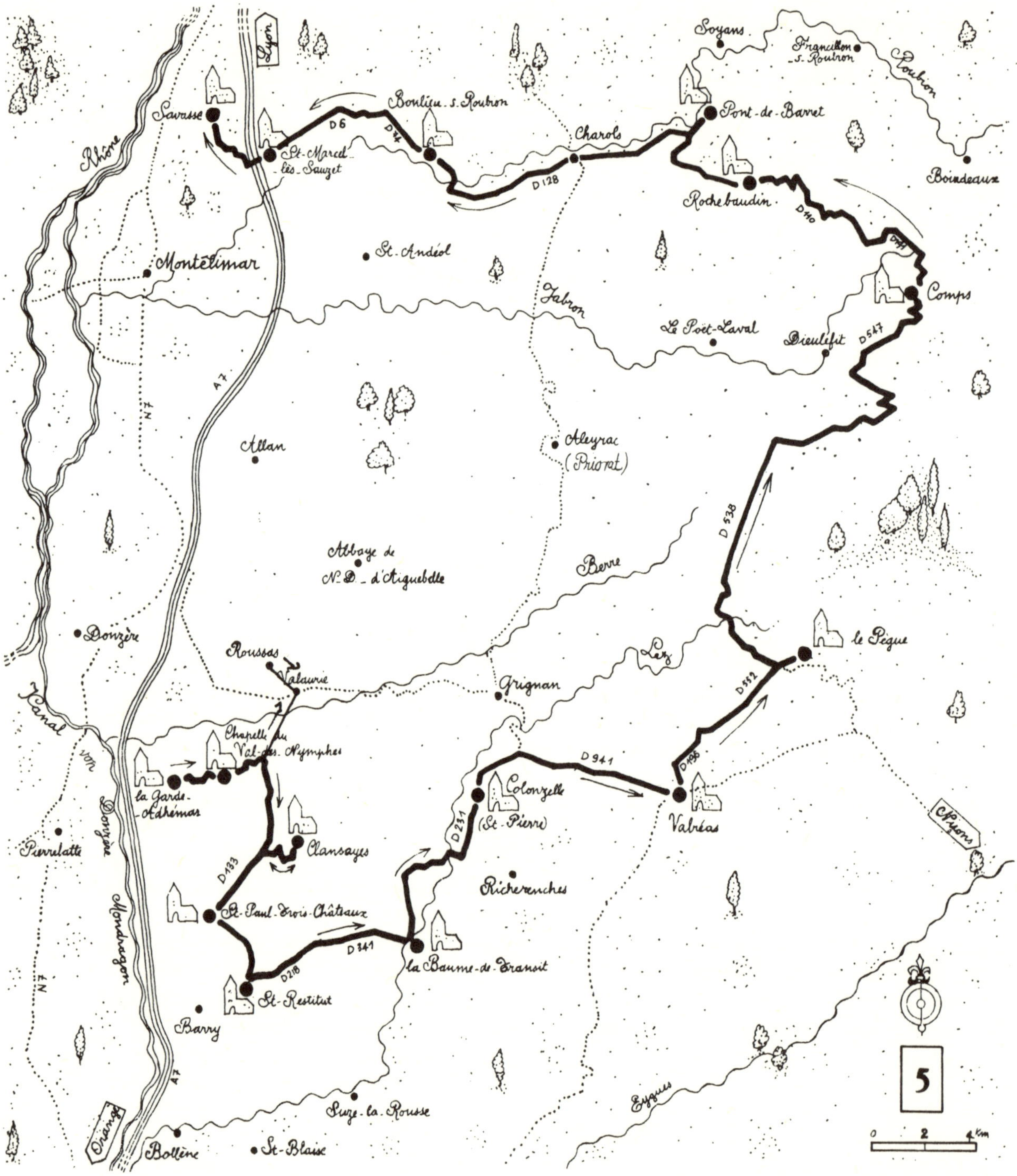
Lyon
Soyans
Francillon
-s. Roubion
Roubion
Savasse
Bonlieu-s.-Roubion
Pont-de-Barret
D6
D74
Charols
Rhône
St-Marcel
-lès-Sauzet
D128
Rochebaudin
Boindeaux
D110
Montélimar
St-Andéol
Comps
Jabron
Le Poët-Laval
Dieulefit
D547
A7
N7
Allan
Aleyrac
(Prioré)
D538
Abbaye de
N.-D.-d'Aiguebelle
Berre
Donzère
Roussas
Valaurie
le Pègue
Lez
Grignan
D552
Canal
Chapelle du
Val-des-Nymphes
D941
la Garde-
Adhémar
Colonzelle
(St-Pierre)
D196
Valréas
Nyons
Pierrelatte
Clansayes
D231
D133
Richerenches
St-Paul-Trois-Châteaux
Mondragon
D341
la Baume-de-Transit
D218
St-Restitut
Barry
5
Eygues
Suze-la-Rousse
Orange
Bollène
St-Blaise
0
2
4 km

Fünfter Reiseweg: Das Tricastin

Von La Garde-Adhémar nach Savasse: 109 km. Michelin-Karte 81, Planquadrate 1, 2 und 3 und Karte 77, Planquadrate 11 und 12 oder Karte 93, Planquadrate 7, 8, 9, 21 und 23. Keine Rundfahrt. Südlicher Ausgangspunkt ist die A 7, Ausfahrt Bollène, dann D 71 und D 572 nach La Garde-Adhémar, nördlicher Ausgangspunkt ist die A7, Ausfahrt Montélimar-Nord, N 7 und D 165 nach Savasse. Tagesausflug.

Das Tricastin ist sozusagen der natürliche Vorhof der Provence. Hier geht die Ebene des Départements Drôme in die Domäne des Olivenbaumes über. Der Name Tricastin leitet sich vom vorrömischen Stamm der *Tricastini* her, die hier lebten. Der römischen Siedlung folgte im 4. Jahrhundert ein Bistum, eines der kleinsten des alten Frankenreiches, das stets als Suffraganbistum dem Erzbistum Arles unterstellt war. Dessen Nordgrenze wiederum verlief im Jabron-Tal. Im Laufe unserer Exkursion werden wir feststellen, daß der Einfluß von Arles in allen großen Kirchen der Diözese spürbar ist. Weiter im Norden, Richtung Roubion-Tal, mischen sich allerdings Einflüsse aus anderen Regionen in die typisch provençalische Romanik, und die Eigenheiten der Skulptur im Tricastin, jener »Schwelle« der romanischen Provence, kommen deutlicher zum Vorschein.
Am Eingang in das Tal der Berre steht auf einer steilen Erhebung, von wo aus man weit ins Rhônetal schaut, das malerische Dorf LA GARDE-ADHÉMAR. Von hier aus führt der Weg nach Grignan, einem Besitztum der mächtigen Familie der Adhémar. Die Kirche *Saint-Michel* in Adhémar gehörte zur Abtei von Tournus. Ihr Merkmal ist eine zweite Apsis aus kleinen Werksteinen, die dem Mittelschiff im Westen vorgelagert ist. Diese in karolingischer Zeit recht verbreitete Lösung finden wir an verschiedenen Kirchen im Rheinland, in Frankreich jedoch seltener. Ein zweites Beispiel bietet die nahe Kirche von *Bourg-Saint-Andéol.* Obwohl diese Lösung als eher archaisch gelten kann, weist der Kirchenbau doch sämtliche Eigenheiten der provençalischen Romanik der zweiten Hälfte des 12. Jahrhunderts auf. Die Raumteile fügen sich harmonisch zueinander, die kreuzförmigen Stützen sind aufwendig gestaltet, Steinmetzzeichen sowie Punkt- und Fischgrätmuster zieren die Mauersteine, und die Beherrschung des Lichtes, das durch schmale Maueröffnungen eintritt und die Wirkung des Innenraumes steigert, ist geradezu meisterhaft. So ist diese dreischiffige Kirche wie geschaffen für eine Begegnung mit dem göttlichen Mysterium. Ihre bescheidene Grundfläche wird durch die ungewöhnliche Höhe von 14 Metern kompensiert, die besonders wegen der geringen Breite der Kirche und der weitgehenden Schmucklosigkeit des Innern augenfällig wird. Im Gegensatz zu anderen romanischen Kirchen der Provence ist der Ansatz des Spitztonnengewölbes über dem Mittelschiff nicht einmal durch ein Profilsims betont. Nur die hohen Blendbögen gliedern die Joche aller drei Schiffe. Das letzte Joch des Mittelschiffes stößt zwar nicht auf eine Vierung, trägt aber dennoch eine herrliche achteckige Kuppel, deren gemauerte Trompen mit langen, für das Tricastin typischen Palmetten verziert sind.
Auch die schmucklosen Außenmauern sind einfach gegliedert, weisen jedoch am Fassadengiebel und am Kirchturm einen bemerkenswerten, von der Antike beeinflußten Dekor auf. Das zweite Geschoß und das pyramidale Dach des Turmes wurden um 1850 erneuert.
Über die D 572 gelangen wir in das herrlich kühle und schattige VAL DES NYMPHES. In diesem von Felsen eingeschlossenen Talkessel sprudeln mehrere Quellen, und bereits in römischer Zeit stand hier ein Heiligtum. Heute finden wir an dieser Stelle die Kapelle *Notre-Dame*, die als Priorat der Abtei von Tournus 1059 erstmals erwähnt wurde. Der heutige Bau, dessen Tonnengewölbe trotz der mächtigen Strebepfeiler eingebrochen ist, stammt aus den Jahren 1160 bis 1170.
Besonders bemerkenswert ist die Gliederung der Apsis (Bild 20). Ihre Bogenstellungen, im unteren

Register auf starken Pfeilern mit quadratischem Querschnitt, darüber auf schlanken Säulen mit korinthischen Kapitellen, erinnern an römische Amphitheater. Ebenso einzigartig ist die Gestaltung der Westfassade: Die untere, völlig schmucklose Zone aus kleinformatigem Bruchstein steht im Gegensatz zu der sehr sorgfältig gemauerten Mittelzone mit reichem antikisierenden Dekor. Dieses Fassadenschmuckwerk ermöglicht die Zuordnung der Kapelle von Val des Nymphes zur Werkstatt von Vaison.
Fahren wir nun weiter auf der D 553 durch die Felder in Richtung Norden, so erreichen wir, nachdem wir die D 541 überquert haben, das Dörfchen VALAURIE, wo wir kurz halten, um die Kirche *Saint-Martin* zu besichtigen. Sie gehörte im Mittelalter zum Kapitel von Saint-Paul. Das Besondere dieses bescheidenen Gebäudes, dessen Gewölbe im Jahre 1673 erneuert wurde, ist der rechteckige Eingangshallenturm vor der Westfassade – eine für die romanische Provence äußerst seltene Lösung.
Wenn wir auf der D 553 Richtung ROUSSAS fahren, sehen wir bereits von ferne die eindrucksvolle Silhouette der Burg. Ihre Festungsmauern und der mächtige quadratische Turm krönen einen Felsen, der das Vence-Tal regelrecht abriegelt (Bild 22). Die Kirche *Saint-Germain*, deren Existenz bereits im 11. Jahrhundert belegt ist, gehört zum Festungskomplex. Ihre halbrunde Apsis aus kleinen Bruchsteinen mit Axialfenster steht direkt auf der vieleckigen Stützmauer, die den Felsen ummantelt. Zwei übereinanderliegende Gesimse bezeugen, daß das Dach des Chorhauptes erneuert wurde. Zwei mächtige Strebepfeiler markieren außen das kurze Chorjoch, das sich auf das einschiffige Langhaus öffnet. Ein eleganter Glockengiebel mit drei Rundbögen erhebt sich über der Seitenmauer der Kirche und trägt zu ihrem besonderen Reiz bei.
Wir fahren zurück auf die D 133 in Richtung Saint-Paul, machen aber einen kleinen Abstecher in das malerische Dörfchen CLANSAYES (D 571), das hoch oben an einem Felshang liegt. Die Kirche *Saint-Michel* steht geduckt am Fuße des Bergfrieds. Sie ist nicht besonders groß und ganz schlicht, dabei jedoch sehr sorgfältig gebaut. Von hier aus bietet sich wiederum ein herrlicher Blick über das Rhônetal.
Durch ein Wortspiel der Begriffe *Tricastini*, dem Namen des das Tricastin bewohnenden vorrömischen Volksstammes, und *Tricastrinus*, der in einem Kartular um das Jahr 1000 auftritt, bildete sich bald *Tria Castra*, und so sollte der Bischofssitz des Tricastin bald SAINT-PAUL-TROIS-CHATEAUX heißen. Heute ist es ein charmantes kleines Städtchen mit teilweise erhaltener mittelalterlicher Stadtmauer, in dem sogleich die mächtige Kathedrale ins Auge fällt, die ihren Namen, *Saint-Paul*, dem ersten Bischof aus dem 4. Jahrhundert verdankt. Die ungewöhnliche Höhe von Lang- und Querhaus sowie das ausgewogene Verhältnis der einzelnen Bauteile zueinander verleihen dieser Kirche, einer der schönsten der romanischen Provence, eine majestätische und vollendete Wirkung. Die Strenge ihrer Gliederung ist nirgends eindrucksvoller als am Chorhaupt. Die polygonale Mittelapsis, deren Ecken mit wuchtigen Pilastern verstärkt sind, und die beiden einfachen Apsidiolen heben sich von dem mächtigen, schmucklosen Querhaus ab, das mit seinem durchlaufenden Dachfirst noch imposanter wirkt. Die zurückhaltende Gestaltung des nördlichen Querhauses liefert einen Hinweis auf einen ersten Bauabschnitt bereits zu Anfang des 12. Jahrhunderts, während das wesentlich anspruchsvollere, an der Antike orientierte südliche Querhaus einer späteren Bauphase um 1180 entspricht. Zu dieser Zeit stand das Langhaus bereits, und das Querhaus wurde erhöht und erhielt ein mächtiges Tonnengewölbe. In einem letzten Bauabschnitt am Ende des 12. Jahrhunderts entstand schließlich die herrliche Westfassade. Ihre Gliederung wird beherrscht von drei Okuli, die in meisterlicher Harmonie in die imposante Fassade eingefügt sind. Am Portal fällt die große Ähnlichkeit mit dem römischen Triumphbogen von Saint-Rémy auf. Die Öffnung, die pilasterartigen Stützen mit eingestellten Halbsäulen, die Sockel und die fehlenden Kapitelle – alles verweist auf das römische Vorbild. Der Rahmen des Rundbogenportals ohne

Tympanon vereinigt den ganzen Reichtum der antiken Ornamentik. In einer tiefen, von Akanthusblättern eingefaßten Hohlkehle wechseln sich üppige Rosetten und Masken ab, deren Schönheit ebenso faszinierend ist wie die am Okulus von *Saint-Gabriel*, so daß man fast vermuten möchte, hier sei derselbe Bildhauer am Werk gewesen. Auch das Südportal, dessen Tympanon mit einer Anbetung der Heiligen Drei Könige 1561 von den Protestanten zerstört wurde, weist ein ähnlich plastisches Schmuckwerk auf.

Der antike Einfluß ist das Hauptmerkmal dieser Kirche. Er zeigt sich nicht nur in der getreuen Nachbildung der Ornamentik römischer Bauwerke, sondern auch in der Einhaltung bestimmter architektonischer Ordnungen, in die sie sich einfügt. So schließt die Außenmauer des Langhauses mit einem Kranzgesims ab, das kaum weniger prunkvoll ist als das des Maison Carrée in Nîmes. Besonders die innere Gliederung der Kathedrale ist in dieser Hinsicht aufschlußreich. Das Tonnengewölbe wird von Gurtbögen in drei Joche eingeteilt, deren Pilaster durch eingestellte Halbsäulen unterbrochen werden, die zu zwei Dritteln mit gewundenen Kanneluren verziert sind und korinthische Kapitelle tragen. Wie bereits an anderen Orten drängt sich auch hier der Vergleich mit antiken Amphitheatern auf. In jedem Joch verläuft über den Arkaden im Erdgeschoß eine Art falsches Triforium. Beim Eingang des Langhauses wird die Fläche einfach durch Pilaster in drei Abschnitte geteilt. Diese Lösung erinnert an die Porte de France in Nîmes. Im dritten Joch allerdings erreicht die Gestaltung in den drei gemauerten Nischen mit kleinen Halbkuppelgewölben ihren Höhepunkt. Sie öffnen sich auf einen reich verzierten Architrav, dessen Fries aus einer Draperie besteht, die zwei kleine Figuren über eine gedrehte Schnur legen.

Die Vierungskuppel wurde während der Religionskriege zerstört und 1841 wieder aufgebaut. Bei Ausgrabungen, die im Jahre 1897 in der Mittelapsis unternommen wurden, fand man die Überreste eines Presbyteriums und ein großes romanisches Mosaik. Darauf sind Jerusalem und die Rotunde der Grabkirche dargestellt, umrahmt von geometrischen Motiven. An den Langhausstützen wurde unter der Tünche eine Reihe gotischer Malereien aus dem 13. bis 15. Jahrhundert entdeckt. Besonders gut zu erkennen sind eine Jungfrau mit Kind und die Taufe Jesu.

Obgleich ganz am Nordrand des Verbreitungsgebietes der provençalischen Romanik gelegen, ist die Kathedrale Saint-Paul – zusammen mit Saint-Trophime in Arles – eines der schönsten Beispiele für das Wesen dieses Kunststiles. Es geht darum, den Innenraum durch die größtmögliche Höhe des Langhauses zu seiner vollen Entfaltung zu bringen und die Raumwirkung zudem durch die vertikale Gliederung, ein ausgesuchtes Schmuckwerk und die meisterliche Beherrschung des Lichtes zu steigern. Zugleich wird deutlich, daß Anregungen durch die wiederentdeckte Antike äußerst geschickt umgesetzt wurden.

Über die D 59 und die D 59A steigen wir hinauf in das Herz des Kalksteingebirges Saint-Juste, wo hoch oben an einem Steilhang das eindrucksvolle Dörfchen SAINT-RESTITUT eng um seine Kirche gedrängt liegt. Im Mittelalter war sie Ziel einer bedeutenden Pilgerfahrt, denn hier wurden insbesondere am 7. November die Reliquien des heiligen Restitut verehrt. In ihm sah man jenen Blinden des Evangeliums, dem Christus sein Augenlicht wiedergab, indem er ihm einen Brei aus Erde und Speichel auf die Augen legte und ihm befahl, sich im Teich von Siloah zu waschen. Restitut habe dann, so heißt es, mit den Jüngern von Bethanien Palästina verlassen und sei in das Tricastin gelangt. Hier sei er der erste Bischof gewesen. Er soll in dem hohen, quadratischen Turm der Kirche begraben sein, der seither der »Grabturm« (Tour Funéraire) heißt. Tatsächlich wirkt die Silhouette der Kirche ungewöhnlich. Ein herkömmliches romanisches Langhaus mit Chorhaupt fügt sich an einen wuchtigen, fast fensterlosen Turm an, der die Westfassade gänzlich einnimmt.

Im 11. Jahrhundert stand dieser Turm aus regelmäßigem, kleinformatigem Mauerwerk frei, denn alle seine vier Seiten sind gegliedert. Im Innern befand sich ein niedriger Saal, eine Art Confessio oder Märtyrergrab, das zur Aufnahme von Reliquien diente und somit zur Keimzelle der Gemeinschaft wurde. Besonders interessant ist der Fries aus kleinen Kalksteinquadern, die mit Flachreliefs verziert sind. Abgesehen von dem Relief mit dem segnenden Christus, dessen Höhe 55 Zentimeter beträgt, sind sie alle 40 Zentimeter hoch. Wir erkennen Christus mit Adoranten, das Agnus Dei, die Symbole der vier Evangelisten, aber auch ein umfangreiches Bestiarium von Fabelwesen neben Rittern, Jägern und Maurern, ohne daß eine zusammenhängende ikonographische Folge vorliegt. In ihrer linearen Gestaltung wirken die Darstellungen erstaunlich lebensnah. Der Fries wird von zwei Reihen kleiner Kalksteinwürfel gesäumt, die wie beim Opus reticulatum antiker Aquädukte angeordnet sind. Um die Mitte des 12. Jahrhunderts wurde der Turm in den Bau einer Kirche einbezogen, wobei sich, wie in La Garde-Adhémar, in der Westseite des Turmes eine zweite Apsis geöffnet haben soll. Der Turm hätte damit die Rolle der Vierung übernommen. Mit dieser Theorie ließen sich die völlige Neuverkleidung im unteren Teil der Westseite des Turmes, seine Erhöhung um ein Stockwerk und seine herrliche gemauerte Trompenkuppel erklären. Die Trompen sind mit den schon bekannten langen Palmetten verziert. Über dem Fries des Turmes erhebt sich ein oberes, leicht zurückgesetztes Geschoß, dessen Mauerwerk aus mittelgroßen Werksteinen sehr sorgfältig gearbeitet ist. Die Steine tragen Punktmuster und Steinmetzzeichen, unter anderem dreimal VGO mit sichelförmigem G, was auf eine Neugestaltung zur Zeit der Romanik hinweist. Der einfache Grundriß der Kirche verbindet sich mit einem außergewöhnlich erlesenen Schmuckwerk. Das Gesims am Bogenansatz ist aufwendig gestaltet, die Bogenstellungen zeugen von sorgfältiger Arbeit, und der Bogen unter dem Turm ist dreifach gestuft. Bemerkenswert sind auch die herrlichen Kapitelle im ersten Joch. Die seitlich der Pilaster in die Wandvorlagen eingestellten kleinen Säulen mit verzierten Säulenschäften tragen ein antikisierendes Gebälk, das ansatzweise mit einem Rankenfries versehen ist, der aber leider nicht fertig ausgeführt wurde. Daß der Bauornamentik im Westen des Langhauses eine so große Bedeutung beigemessen wurde, beweist den hohen Stellenwert der im Turm aufbewahrten Reliquien, könnte jedoch auch als Hinweis darauf gewertet werden, daß die Kirche ursprünglich nach Westen ausgerichtet war. In den letzten Jahrzehnten des 12. Jahrhunderts entstand dann wohl in einer letzten Bauphase eine geräumige polygonale Ostapsis mit einem geradezu raffinierten, antikisierenden Dekor. Auch das Südportal der Kirche steht ganz in der Nachfolge römischer Bauwerke (Bild 21). Ein mächtiger Rundbogen zwischen den Strebepfeilern überfängt das von zwei kannelierten Halbsäulen flankierte Portal. Die Säulen tragen einen dreieckigen Giebel, der stark an den von Saint-Gabriel erinnert. Allerdings verweisen der herrliche Kopf mit Schnurrbart und die beiden geöffneten Hände inmitten der Akanthusblätter auf die Werkstatt von Saint-Paul.

Das Nebeneinander des bedeutendsten skulptierten Frieses der Provence am Turm und eines der vollkommensten Beispiele des antikisierenden Stils aus dem 12. Jahrhundert im Langhaus, in der Apsis und am Eingangsportal machen den besonderen Rang aus, den die Kirche von Saint-Restitut in der provençalischen Kunst einnimmt.

Unser Weg führt uns nun aus dem Rhônetal hinaus in das Hügel- und Bergland des Tricastin. Über die D 218 und die D 341 gelangen wir zur Kirche *Sainte-Croix* auf dem Friedhof von LA BAUME-DE-TRANSIT. Der im 12. Jahrhundert entstandene erste Bau war dem Heiligen Grab geweiht. Über einem vierpaßförmigen Grundriß erhoben sich vier halbrunde, mit Bogenstellungen verzierte Apsiden auf ein quadratisches Mitteljoch. Damit erinnerte die kleine Kirche an Sainte-Croix in Montmajour (Bild 23 und 24; vgl. Bild 6). Im Jahre 1668 wurde die zerstörte Nordapsis durch ein dreischiffiges Langhaus ersetzt, und der Hauptaltar wurde in der Südapsis aufgestellt.

Bei der Weiterfahrt sehen wir hoch oben die Festung *Montségur* liegen (D 117) und erreichen über die D 71B und die D 231 die schöne Kirche *Saint-Pierre-es-Liens,* die zwischen Margerie und COLONZELLE einsam in der Landschaft steht (Bild 25). Das Kirchlein verdankt seinen besonderen Charme den äußerst dekorativen Steinmetzzeichen. Ein ganzes Repertoire von Punktmustern, lateinischen Großbuchstaben und geometrischen Motiven umrahmt die Fenster und Türen (Bild 26). Auf dem Tympanon über dem Südportal ist das Medaillon in der Mitte von vier Reliefs umgeben, die an das phantastische Bestiarium von Saint-Restitut erinnern. Der Türsturz besteht aus einem mächtigen Kalksteinblock, der aus einem römischen Grabdenkmal stammt. Das Grab war sicher das eines hohen Vertreters aus der Zunft der Fischer, denn dargestellt ist der Treidelvorgang: Ein Flußschiff mit Treidelmast transportiert vier riesige Fässer und ein großes Bündel. Die Wiederverwendung dieses Steins zeugt von dem großen Ansehen, das die antike Skulptur in der Provence zur Zeit des Mittelalters genoß.

VALRÉAS (D 64 und D 941), reger Mittelpunkt für Handel und Landwirtschaft, hat sein herrliches altes Stadtviertel rund um die Kirche *Notre-Dame-de-Nazareth* bewahrt. Der ursprüngliche romanische Baukörper der Kirche, bestehend aus einem zweijochigen Langhaus und einem Querhaus, wurde vielfach umgebaut und erweitert. Der Anbau der Seitenschiffe erfolgte im 12. Jahrhundert, das Langhaus wurde im 15. Jahrhundert um ein Joch nach Westen verlängert und erhielt eine neue Fassade, und im Laufe der Zeit kamen verschiedene Seitenkapellen hinzu. Besonders interessant ist das dreiteilige Südportal aus dem 13. Jahrhundert, über dessen Seiteneingängen Reste des älteren Tympanons wiederverwendet wurden. Die Flachreliefs zeigen archaische Figuren und Rankenwerk, die an das Tympanon von Saint-Michel in Salon erinnern.

Wir durchqueren auf der D 538 das von der Montagne de la Lance und der Montagne de Rachas überragte Lez-Tal und fahren durch den Felsbogen, der die Region von Valréas im Norden abschließt. Die D 547 führt uns auf den Paß, von wo aus wir bereits die herrlich gelegene Kirche *Saint-Pierre et Saint-Paul* von COMPS sehen können. Das ehemalige benediktinische Priorat der Abtei von Savigny überragt weithin das Umland und ist eines der schönsten Bauwerke im Département Drôme (Bild 29). Die Vierungskuppel ruht auf kegelförmigen Trompen, die mit langen Palmetten und drei Fabeltieren verziert sind. Das nur ein Joch umfassende Langhaus läßt die Kirche mit ihrem Sandsteinmauerwerk eher gedrungen wirken. Über der Vierung erhebt sich der wuchtige, fensterlose Turm. Seine einzige Verzierung sind die längsrechteckigen, vertieften Flächen unter der Dachtraufe, die zwischen den breiteren Eckpfeilern durch drei flache Pilaster unterteilt sind. Ein später hinzugefügtes Laternentürmchen krönt den unvollendet gebliebenen Turm.

Von Comps fahren wir über die D 191 hinunter und an der Quelle des Jabron vorbei, der die Nordgrenze des Erzbistums Arles bildet. Über den Col du Pertuis (D 626) gelangen wir in das freundliche Tal der Rimandoule (D 328), dem wir bis über ROCHEBAUDIN hinaus folgen. Bald entdecken wir die reizende einschiffige Friedhofskapelle *Notre-Dame-de Sénisse.* Ihre außen halbrunde Apsis ist im Innern fünfeckig, und sie wird von einem kleinen, quadratischen Turm bekrönt. Das herrliche, mit großer Sorgfalt gestaltete Portal fügt sich sehr schön in den ansonsten schlichten Bau ein.

Die D 328 und die D 179 führen uns nach PONT-DE-BARRET, ein malerisches, sympathisches Dörfchen, das früher Savenne hieß und gleichsam wie ein Riegel das obere Roubiontal abschließt. Auf der Höhe liegt die Kirche *Notre-Dame-la-Brune* (Bild 30). Die bescheidene Friedhofskapelle gehörte zu einem Priorat der Abtei Saint-Chaffre. Bemerkenswert sind die Bindersteine, die gestuften Gurtbögen, die Arkaturen und die sehr aufwendigen, eingestellten Stützen. Diese Kirche ist eines der nördlichsten Beispiele der provençalischen Baukunst jener Epoche.

Wenn wir nun über die D 128 und die D 74 wieder ins Roubiontal hinabfahren, sollten wir unbedingt in BONLIEU Station machen. In den Bau des Prämonstratenserinnenklosters wurden die Überreste der ehemaligen Zisterzienserkirche aus dem 12. Jahrhundert einbezogen. Beachtung verdienen auch hier wieder die typisch provençalischen Stilmerkmale: das sorgfältige Mauerwerk der fünfeckigen Apsis, die von drei durch profilierte Rahmungen umfaßte Fensteröffnungen belichtet wird, und besonders der antikisierende Dekor des Portals im Nordquerhaus. Das schlichte

Tympanon ist nur mit einem Zickzackband verziert, das von zwei kannelierten Pilastern mit herrlichen korinthischen Kapitellen ausgeht.
Nicht weit von hier (D 74 und D 6) befindet sich das bedeutende benediktinische Priorat SAINT-MARCEL-LÈS-SAUZET. Der großzügige Kirchenbau stammt aus der zweiten Hälfte des 12. Jahrhunderts. Trotz seiner weiten Proportionen muten seine Schlichtheit, das meisterliche Mauerwerk und die Kuppel, deren Trompen mit den Symbolen der Evangelisten geschmückt sind, noch ganz provençalisch an. Und doch lassen sich andererseits auch Einflüsse feststellen, die der provençalischen Romanik fremd sind. Die Gurtbögen des Gewölbes und die Arkaden gehen beispielsweise unmittelbar in die hohen, eingestellten Halbsäulen über, und die antike Regel, derzufolge ein Bogen von einem Pilaster aufgenommen wird, ist außer Kraft gesetzt (Bild 31). Eine weitere Besonderheit sind die vier Öffnungen in der Vierungskuppel, eine ansonsten in der Provence unbekannte Lösung, die auf die belichteten Tamboure der Kuppeln in der Auvergne oder im Lyonnais verweist. An der Südseite der Kirche ist noch ein Flügel des einstigen Kreuzgangs erhalten.
Unser Ausflug endet wiederum an der Rhône (D 6A und D 165), auf einer Kalksteinhöhe über dem linken Flußufer. Hier liegt der wunderschöne Ort SAVASSE. Ein großer Teil der mittelalterlichen Stadtmauer ist noch erhalten und verläuft schnurgerade am Abhang des Hügels entlang. Die Kirche *Notre-Dame-la-Blanche* war ehemals dem Benediktinerpriorat Saint-Marcel-lès-Sauzet unterstellt und weist recht beachtliche Proportionen auf. Der Bau ist äußerst einfach und besteht aus einem dreischiffigen Langhaus mit fünf Jochen, das in einer Mittelapsis und zwei Apsidiolen endet. Von größter Vollkommenheit ist das Verhältnis der einzelnen Bauteile zueinander, und bemerkenswert sind auch die aufwendig gestalteten Stützen. Sie verweisen klar auf die provençalische Romanik; doch lassen auch hier einige Details erkennen, daß die Gegend um Montélimar bereits ein Übergangsgebiet für die romanische Baukunst der Provence ist, die im Rhônedelta ihren Anfang nahm und sich dann mit ihren herrlichen und unvergleichlichen Baudenkmälern bis in den Vorhof der Provence, das Tricastin, ausgebreitet hat. Solche Details, die auf Fremdeinflüsse schließen lassen, sind etwa die Anfänger der Gurtbögen über den Seitenschiffen, die an der Außenmauer von schlichten, abgeschrägten Konsolen ausgehen, oder die niedrigen, rechteckigen Sockel der Pfeiler mit kreuzförmigem Querschnitt.

Sechster Reiseweg: Apt und Umgebung

Von Cavaillon nach Apt über den Höhenzug der Vaucluse und den nördlichen Luberon: ca. 115 km. Michelin-Karte 81, Planquadrate 12, 13 und 14. Kein Rundweg; Ausflug für zwei Tage.

Am Fuße des Hügels Saint-Jacques liegt CAVAILLON. Bereits vor 2000 Jahren siedelten Menschen an diesem Ort. Genau wie in Carpentras schloß die Kathedrale Notre-Dame aus der zweiten Hälfte des 12. Jahrhunderts eng an einen römischen Triumphbogen an, der in neuerer Zeit auf einen Platz am Fuße des ersten Siedlungsgebietes versetzt wurde. Die Kirche weist große Ähnlichkeit mit Notre-Dame-des-Doms in Avignon auf. Das geräumige, einschiffige Langhaus umfaßt fünf Joche und wird durch ein Chorjoch mit Kuppel und eine polygonale Apsis verlängert (Bild 33). Außen umläuft ein reich verziertes Gebälk nach antikem Vorbild das Langhaus. An der Südseite der Kirche schließt sich ein kleiner Kreuzgang an. Ein Besuch im archäologischen Museum der Stadt ist unbedingt anzuraten. Hier läßt sich die Geschichte von Cavaillon sehr anschaulich nachvollziehen.

Über die D 938 und die N 100 gelangen wir nach l'Isle-sur-la-Sorgue und nach LE THOR, wo die Kirche *Notre-Dame-du-Lac*, ein äußerst homogenes und für die romanische Provence typisches Bauwerk mit erlesenem Schmuckwerk, zu einem Besuch einlädt (Bild 32). Zwei Kilometer weiter liegt THOUZON. Die beiden Kirchen des Ortes, die die Ebene des Comtat beherrschen, sind bescheidener, aber auch etwas älter und ziehen den Besucher mehr in ihren Bann. Die Kirche *Sainte-Marie* ist die größere. Sie stammt aus dem 11. Jahrhundert, wurde im 12. Jahrhundert innen neu gestaltet und im 16. Jahrhundert als Festung ausgebaut. Die Kirche *Saint-Pierre* gleich daneben ist ein bescheidenes Bethaus und stammt ebenfalls aus dem 11. Jahrhundert. Ihr Mauerwerk besteht aus kleinen, unregelmäßig gesetzten Steinen, das Chorhaupt ist einfach gestaltet.

Wir fahren auf demselben Weg zurück und nehmen die D 25 nach FONTAINE-DE-VAUCLUSE, wo am Ende eines durch eine hohe, steile Felswand abgeschlossenen Tales eine wunderbare und zu Recht berühmte Karstquelle zutage tritt, die bereits im Altertum bekannt war und im 14. Jahrhundert von Petrarca besungen wurde. Er kam hierher, um Ruhe und Frieden zu finden. Im späten Mittelalter entstand hier an Stelle eines gallo-römischen Heiligtums ein Kloster. Die heute als Pfarrkirche genutzte, sehr sehenswerte Kirche steht unter dem Schutz der heiligen Jungfrau Maria und des heiligen Véran. Der Einsiedler Veranus, der später Bischof von Cavaillon wurde, hatte sich im 6. Jahrhundert hierher zurückgezogen. Der Bau, der auch antike und karolingische Fragmente aufweist, stammt größtenteils aus dem zweiten Viertel des 11. Jahrhunderts (Bild 34), wurde jedoch im 12. Jahrhundert stark verändert. In der linken Laibung des Bogens vor der Apsis ist noch eine schöne, in den Stein gravierte Inschrift aus jener Zeit zu sehen. Ende des 12. Jahrhunderts wurde eine winzige Kapelle angefügt, in der ein Sarkophag steht. Er soll einst die sterblichen Überreste des heiligen Veranus enthalten haben. Auch wenn der Ort touristisch sehr erschlossen ist, sollte man nicht weiterreisen, ohne die Ruinen des mittelalterlichen Schlosses näher in Augenschein genommen zu haben (Bild 35).

Über Saumane, La Crémade, La Roque-sur-Pernes, Saint-Didier und LE BEAUCET (D 57, 210 und 39) gelangen wir durch die Vorberge des Vaucluse-Plateaus zur Einsiedelei *Saint-Gens*, einem bekannten Wallfahrtsort der Provence. Er liegt einsam und abgeschieden am Ende eines von hohen Felswänden umschlossenen Tales. Von dem romanischen Bau ist nur das Chorjoch erhalten, das einer großen Basilika aus dem späten 19. Jahrhundert einverleibt wurde. Es wird überwölbt von einer Kuppel, die mit den Evangelistensymbolen verziert ist.

Über dem Venaissin, der Ebene des Comtat, der sie ihren Namen verdankt, liegt hoch oben auf

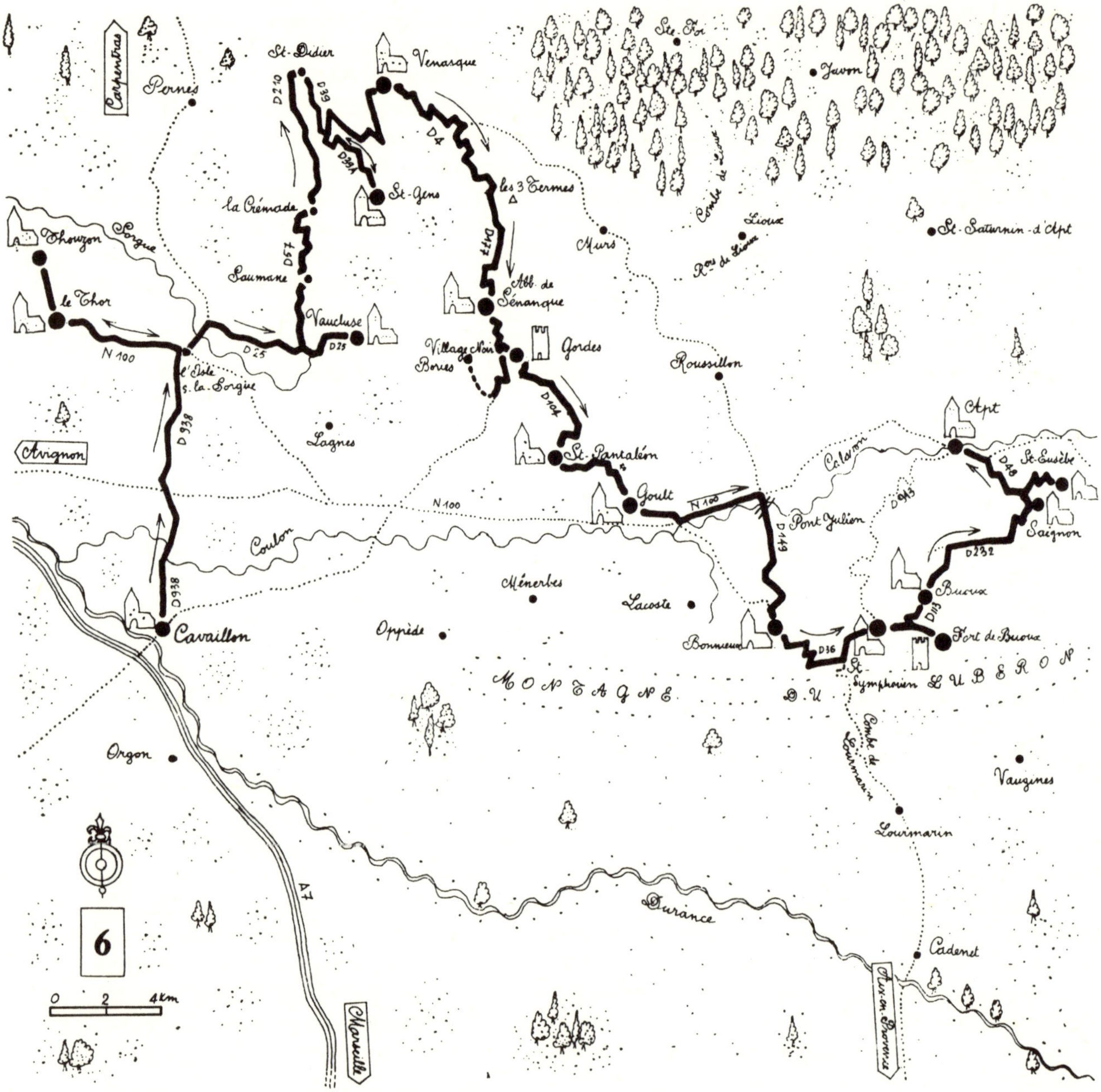

Carpentras
Pernes
St-Didier
Venasque
St-Gens
la Crémade
Saumane
Vaucluse
Thouzon
Sorgue
le Thor
N 100
D 25
l'Isle s. la-Sorgue
D 938
Avignon
Lagnes
D 210
D 39
D 39A
D 57
D 4
les 3 Termes
D 177
Abb. de Sénanque
Village Noir
Bories
Gordes
D 104
St-Pantaléon
Goult
N 100
Murs
Roussillon
Ste Foi
Javon
Lioux
Combe de Lioux
St-Saturnin-d'Apt
Apt
Calavon
St-Eusèbe
D 48
D 943
Saignon
D 232
Pont Julien
D 149
Coulon
Ménerbes
Lacoste
Bonnieux
D 36
St Symphorien
Buoux
D 113
Fort de Buoux
Cavaillon
Oppède
MONTAGNE DU LUBERON
Orgon
Combe de Lourmarin
Lourmarin
Vaugines
Durance
A 7
Cadenet
Aix-en-Provence
Marseille
6
0 2 4 Km

einem schroffen Felsen die Stadt VENASQUE. Sie ist eine der malerischsten und geschichtsträchtigsten Siedlungen der Provence und bewacht eine der Hauptrouten in die Monts de Vaucluse. In den schwierigen Zeiten des späten Mittelalters war Venasque Sitz der Bischöfe von Carpentras. Aus jener Zeit sind verschiedene kirchliche Bauten erhalten. Am Rande des Steilhangs über dem Tal der Nesque liegt die Kirche *Notre-Dame*. Ihr Chor stammt aus dem 11. Jahrhundert, während das Langhaus für die Romanik des späten 12. Jahrhunderts typisch ist. Es wurde im 17. und 18. Jahrhundert zu beiden Seiten um Kapellen erweitert. In einer von ihnen ist ein sehr schönes Gemälde mit einer Kreuzigungsszene zu sehen. Nördlich von Notre-Dame steht eine kleine, kreuzförmige Kirche (kein Baptisterium!) aus dem zweiten Viertel des 11. Jahrhunderts, die jedoch im späten 12. Jahrhundert restauriert wurde. Ihre vier Apsiden sind durch sehr schöne Bogenstellungen gegliedert (Bild 37). Vielleicht war der Bau ursprünglich eine bischöfliche Grabkapelle.
Nach einem kleinen Spaziergang durch die Gassen, in denen sämtliche Architekturstile in schöner Eintracht nebeneinander stehen – alle Bauten wurden aus demselben Material und nach herkömmlicher Technik errichtet –, machen wir uns auf nach SÉNANQUE (D 4, Route des Trois-Termes rechts am Anfang der Gorges de Murs). Wir fahren ins Tal der Sénancole hinunter und sehen bereits von weitem die Zisterzienserabtei mit ihren großen, mit aschgrauem Stein gedeckten Dächern einsam im Tal liegen, eingebettet in eine rauhe Landschaft aus Felsen, Buschwerk und Lavendel. Die Anlage scheint aus einer anderen Welt zu stammen, errichtet für Männer des Gebets, die nach Vollkommenheit strebten und doch auch harte Arbeit nicht scheuten. Dazu gehörten Feldbau, Viehzucht, Urbarmachung der Sumpfgebiete sowie die Anwendung der Wasserkraft. Zugleich widmeten sie sich geistiger Tätigkeit, dem Studium, der Lektüre, dem Kopieren von Handschriften. Die Abtei ist noch vollständig erhalten. Ihr meisterhaftes, mit zahlreichen künstlerisch gestalteten Steinmetzzeichen überzogenes Mauerwerk umschließt Baukörper, die in wunderbarer Harmonie zueinander stehen und im Spiel des Lichts die Plastizität der reinen Form gewinnen. Zugleich entsprechen die nackten Mauern dem Armutsideal des heiligen Bernhard. Der Eindruck von Strenge und bewußtem Verzicht zwingt sich dem Besucher unmittelbar und mit Macht auf, und er spürt, daß diese Architektur für eine Gemeinschaft errichtet wurde, die gezwungen war, miteinander zu leben, zu arbeiten und zu beten. Am Ende des 12. Jahrhunderts lebten in Sénanque etwa 50 Mönche und ebenso viele Laienbrüder. Die ursprüngliche Abtei wirkt äußerlich wie eine Festung. Sie ist über den kleinen Fluß gebaut und eingezwängt zwischen die steilen Wände des Tales. Die einfache, schmucklose Kirche im Osten zeichnet sich durch einen sehr ausgewogenen Aufriß aus und umfaßt einen aufwendigen Chor mit fünf Altären. Sie war natürlich das erste Gebäude, das im dritten Viertel des 12. Jahrhunderts errichtet wurde. Erst in den Jahrzehnten danach entstanden um sie herum im 12. Jahrhundert der Kreuzgang (Bild 36) und die Klostergebäude: an der Nordseite der Kapitelsaal, in dem der Abt täglich seine Mönche versammelte, der Aufenthaltsraum, der als einziger zu beheizen war, und darüber das Dormitorium der Mönche mit direktem Zugang zur Kirche für die nächtlichen Gottesdienste und die Krankenstube. Im Westen lag das Refektorium. Der südliche Teil, der im 17. Jahrhundert wiederaufgebaut wurde, diente den Laienbrüdern.
Fahren wir nun nach GORDES zurück. Der Ort liegt am Südrand des Vaucluse-Plateaus über der Ebene von Cavaillon und dem Tal von Apt. Gordes ist weithin bekannt für die seltsamen Gebilde aus aufgeschichteten Steinen, die ganz in der Nähe am Berg verstreut liegen und die in Frankreich einmalig sind. Vorzüglich erhalten und somit für einen Besuch sehr zu empfehlen ist das »Village des Bories«, ein Komplex von Behausungen, die aus Steinplatten ohne verbindenden Mörtel errichtet wurden und sich ausgezeichnet in die Umgebung einfügen. Heute ist der Weg dorthin bestens ausgeschildert (D 15 Richtung Cavaillon, dann nach zwei Kilometern rechts). Im Herzen von Gordes liegt das Renaissanceschloß der Simiane, das heutige Vasarély-Museum. In einer

Gasse unterhalb des Chorhauptes der Kirche ist in einem Bürgerhaus aus dem 13. Jahrhundert, einem recht guten Beispiel für spätromanische Architektur, das städtische Museum eingerichtet.
Von der Hochebene der Vaucluse fahren wir hinunter und erreichen durch das Tal von Apt den Luberon (D 104, 145 und 100). Unterwegs sollten wir die winzige romanische Kirche von SAINT-PANTALÉON anschauen. Interessant ist sie vor allem wegen ihrer Komplexität. Drei Bauabschnitte lassen sich unterscheiden: Im 11. Jahrhundert entstand ein Kirchenbau mit zwei Seitenschiffen mit kleinen Säulen und Kapitellen, in der zweiten Hälfte des 12. Jahrhunderts wurde das Mittelschiff umgestaltet und die Verbindung zum südlichen Seitenschiff hergestellt, wenig später wurde ein Nordquerhaus mit Apsidiole angefügt. Im Jahre 1727, nachdem die Pest die Provence heimgesucht hatte, wurde schließlich im Nordwesten eine Votivkapelle errichtet. Am Chorhaupt sind Felsengräber aus dem 11. und 12. Jahrhundert erhalten. Den Schlüssel zur Kirche bekommt man im nahegelegenen Gutshof. Eine Besichtigung der Pfarrkirche von Goult aus der Mitte des 12. Jahrhunderts ist ebenfalls lohnenswert.
Wie im Altertum überqueren wir den Calavon auf dem Pont Julien, einer spätrömischen Brücke aus großen Quadern. Von hier aus bietet sich eine empfehlenswerte Gesamtansicht. Über die D 149 erreichen wir BONNIEUX. An höchster Stelle dieses malerisch an den Ausläufern des Luberon gelegenen Dorfes erhebt sich die interessante mittelalterliche Kirche mit Teilen aus dem 12. und 15. Jahrhundert.
Auf der D 36 folgen wir ein Stückchen dem von Erosion gezeichneten Teil von Lourmarin, einem natürlichen Durchgang durch den Luberon. Auf der D 943 geht es wieder hinauf, und wir biegen nach zwei Kilometern rechts ab auf die schmale D 113. Nun sind wir im Herzen des Luberon, einer wilden Gegend, die doch zugleich Spuren intensiver menschlicher Besiedelung von der Frühzeit bis ins Mittelalter aufweist. Von dem Priorat *Saint-Symphorien*, das der Abtei Saint-Victor in Marseille angehörte, sind nur die Ruinen der Kirche aus dem 11. und 12. Jahrhundert und vor allem der herrliche Turm aus hellem Stein (frühes 12. Jahrhundert) übriggeblieben, der zwischen den hohen, steilen Felsen von La Roche d'Espeil und Les Claparèdes aus einem Meer von kleinen immergrünen Eichen aufragt (Bild 38). Er wurde auf einer niedrigen Erhebung über dem Ayguebrun ganz in der Nähe eines im Mittelalter vielbenutzten Weges errichtet. So rief dieser anmutige Turm, der unwillkürlich unsere Aufmerksamkeit auf sich lenkt, stets zum Gebet, bot aber zugleich in einer Zeit, in der man zu Fuß oder zu Pferde unterwegs war, dem Reisenden Zuflucht und wies ihm mit dem Geläut seiner Glocken den Weg. Aus der Nähe lassen sich Details des zurückhaltenden Schmuckwerks und der ungewöhnlichen Gliederung unterscheiden.
Von hier aus dringen wir weiter in das Gebirgsmassiv vor und besichtigen *Fort de Buoux*, eine zyklopische Festung, die unbeschreiblich malerisch daliegt: Wild übereinandergeworfene Felsbrokken, schroffe Steilhänge, Grotten und schmale Bächlein, Quellen und eine üppige Vegetation machen diesen Ort zu einem der schönsten Beispiele der mittelalterlichen Festungsarchitektur der Provence (12. bis 16. Jahrhundert). Die Festung ist in ihrer Größe und ihrer Vielgestaltigkeit wohl einzigartig im Südosten Frankreichs und erinnert an Burganlagen im Heiligen Land. Es werden Führungen angeboten; und die interessantesten Rundwege durch die Anlage sind auch markiert.
Wir fahren auf demselben Weg zurück und nehmen unsere Route wieder auf. Unser nächstes Ziel ist das freundliche kleine Dörfchen BUOUX, in dessen Kirche sich ein schöner Altar aus vorromanischer Zeit befindet. Er wurde im 19. Jahrhundert in einer zerfallenen Kapelle am Fuße der Burg gefunden. Unser Weg führt uns dann hinauf zum Plateau des Claparèdes, einer einsamen Gegend, wo Thymian und Lavendel gedeihen und wo wir entlang unseres Weges hier und da archaische Hütten entdecken, die ohne Mörtel aufgebaut sind.
Die neue D 232 führt uns nach SAIGNON, und zwar so, daß wir das Dorf gleich von seiner schönsten Seite erblicken. Die römischen Ziegel der Dächer heben sich in ihren Erdfarben wohl-

tuend von den Bergen des Vauclusemassivs, dem Ventoux und dem Amaron ab. Hoch über Apt und dem Calavon-Tal gelegen, zeugen die Anlage des Ortes und seine Architektur von der Lebensweise und der Entwicklung der Baukunst in der Provence im Lauf der Jahrhunderte. Auch Beispiele romanischer Architektur lassen sich ausmachen. Etwas außerhalb auf einer kleinen Anhöhe über der Ortschaft liegt die Kirche *Notre-Dame* (12. Jahrhundert), die durch die Weite des Innenraums beeindruckt. Außen weist sie geradezu barocke Formen auf. Nach den Schlüssel kann man beim Bürgermeister oder in der Nachbarschaft fragen. Östlich der Ortschaft ist von der einstigen, 1004 gegründeten Abtei *Saint-Eusèbe*, deren Geschichte eng mit der Region um Apt verbunden ist, nur die Kirche erhalten. Das Kirchengebäude, das heute leider für landwirtschaftliche Zwecke genutzt wird, stammt wohl aus dem späten 12. Jahrhundert und zeugt von der einstigen Bedeutung des Benediktinerklosters. Sein Grundriß weist die Form eines lateinischen Kreuzes auf. Über der Vierung erhob sich einst ein Glockenturm, der 1920 abgetragen wurde. Der sparsam dekorierte Bau ist eines der reizvollsten Kunstdenkmäler im Umkreis von Apt.
APT ist die letzte Station dieses abwechslungsreichen Reisewegs zur Romanik der Provence und zugleich Ausgangspunkt für viele Ausflüge – zu Fuß oder per Auto – in die Umgebung. Ob sich einer nun für Pflanzen oder Steine, für Archäologie, Volkskunst oder für die Lebensweise der einheimischen Bevölkerung interessiert – hier kann er die Seele der Region kennenlernen.
Apta-Julia, an der alten Via Domitia gelegen, die die Flüsse Rhône und Po über den Paß Mont Genèvre verband, war eines der lebendigsten Zentren römischer Besiedelung im provençalischen Hinterland. Im archäologischen Museum in der Nähe der Kathedrale sind im Untergeschoß noch Reste eines römischen Theaters erhalten. In Apt findet sich zugleich eine der ältesten urkundlich erwähnten christlichen Gemeinden im Südosten Frankreichs. Bereits im späten 3. Jahrhundert hatte die Stadt einen Bischof. Die Kathedrale im Zentrum des Ortes stammt aus verschiedenen Epochen und ist gerade deshalb besonders interessant. Denn am Bau läßt sich die lokale Kirchengeschichte über die Jahrhunderte verfolgen, angefangen bei ihren Ursprüngen bis ins 17. und 18. Jahrhundert. Aus dieser Zeit stammen die Königskapelle und die kleinen Kapellen an der Nordseite sowie der Dekor der Westfassade. Von dem Doppelbau aus der zweiten Hälfte des 11. Jahrhunderts sind nur der Westgiebel, die Südmauer und eine schöne halbrunde Apsis an der Südostseite erhalten. Im dritten Viertel des 12. Jahrhunderts wurde innerhalb der bestehenden Strukturen ein romanischer Kirchenbau errichtet. Von ihm sind noch die Oberkirche, die Vierung mit Kuppel und Glockentürmchen, das südliche Seitenschiff mit der ältesten Apsis der Kirche und darin ein schöner Marmoraltar erhalten. Aus diesem Bau stammt auch die interessante obere Krypta. Sie ist vor allem bemerkenswert wegen ihres Grundrisses (mit Chorumgang) und des herrlichen Mauerwerks in bester romanisch-provençalischer Tradition. Sehenswert ist auch der Kirchenschatz mit wertvollen Objekten aus dem Mittelalter: Er enthält zum Beispiel den »Schleier der heiligen Anna«, ein feinverziertes Stück Stoff aus Damietta, das 1096 in der ägyptischen Hafenstadt hergestellt und von irgendeinem Bischof oder Adligen der Region vom ersten Kreuzzug mitgebracht worden ist. Daneben gibt es emaillierte Reliquienbehälter aus Limoges (12. und 13. Jahrhundert), liturgische Gewänder und anderes mehr.
Vier romanische Kapellen am Stadtrand sind einen Besuch wert: *Saint-Michel, Saint-Vincent, Saint-Pierre-des-Tourrettes* und *Notre-Dame de Clermont.*

Siebter Reiseweg: Von Apt nach Forcalquier

Apt, Forcalquier: ca. 75 km. Michelin-Karte 81, Planquadrate 14, 15; Tagesausflug, kein Rundweg.

Wir starten in Apt und fahren auf der N 100, die annähernd der alten Via Domitia entspricht, vier Kilometer ostwärts. Dann biegen wir ab auf die D 35 und fahren hinauf zu dem kleinen Dörfchen CASENEUVE, überragt von der Burg der alten Adelsfamilie der Agoult. Die Festung stammt aus dem 13. Jahrhundert, wurde in der Renaissance erneuert und erst in jüngerer Zeit wieder sehr geschmackvoll restauriert. Besonders schön ist die hohe, strenge Westfassade (Bild 40).

Wir verlassen Caseneuve in nördlicher Richtung und gelangen auf der D 209 nach VIENS, einen sehr schönen Ort, in dem sich bescheidene romanische Häuser, schöne Renaissancepaläste und einfache, rustikal und zeitlos anmutende Gebäude zu einem harmonischen Gesamtbild fügen. Von der romanischen Kirche, die gegenüber den Gorges de Calavon und der Montagne de Lure etwas unterhalb des Ortes errichtet wurde, ist nur der mächtige Turm erhalten. In seinem obersten Stockwerk öffnen sich auf jeder Seite Kuppelfenster mit schlanken Säulen und Blütendekor (frühes 13. Jahrhundert).

Über die D 33 und die N 100 fahren wir, immer den Grand Luberon (1125 m) vor uns, nach CÉRESTE und von dort aus über einen Feldweg (am Ortsausgang links) zum Priorat *Carluc*. Es liegt zwischen Céreste und Reillanne an einem Hang über einem grünen Tal. Schön ist es hier, wo die Natur und das Werk von Menschenhand eine so innige Verbindung eingehen (Bild 39). Von dem einst bedeutenden Priorat von Montmajour ist heute nicht mehr viel erhalten: Zwischen uralten Eichen stehen nur noch das Chorhaupt der Kirche, eine zum Teil in den Fels gehauene Galerie, die zu verschiedenen Grabhöhlen führt, verschiedene Mauerpartien und eine in den Steilhang gegrabene Mönchszelle, die vielleicht der Ursprung des Klosters war. Die Anlage stammt aus dem zweiten Viertel des 12. Jahrhunderts, der Ort war jedoch wenigstens seit dem frühen 11. Jahrhundert besiedelt, wahrscheinlich jedoch bereits wesentlich früher. Das Kloster war eine Station auf dem großen Pilgerweg, der, aus Spanien kommend, durch Südfrankreich nach Italien führte.

Wie einst die Pilger fahren wir nun über die N 100 und die D 105 nach SAINT-MICHEL-L'OBSERVATOIRE. Bevor wir den Ort erreichen, entdecken wir rechts der Straße die winzige Kapelle *Saint-Paul*, ein Landpriorat, das zu Carluc gehörte und durch seine Schlichtheit besticht. Die Oberkirche des Ortes gehörte als Priorat zum Benediktinerkloster Saint-André in Villeneuve-lès-Avignon und ist äußerst sehenswert. Der romanische Kern der Kirche – das kurze Langhaus und das Chorjoch aus der zweiten Hälfte des 12. Jahrhunderts – wurde im 14. und 18. Jahrhundert erweitert und erneuert. Die Qualität der recht einheitlich gestalteten Anbauten und die schlichten Innenräume lassen den Bau jedoch trotzdem als Genius erscheinen. Die ausgewogenen Formen, die sich harmonisch in die der Landschaft einfügen, das zurückhaltendes Dekor und das sorgfältige Mauerwerk verweisen auf antike Einflüsse. Sehr schön ist das marmorne Weihwasserbecken mit den Löwenskulpturen. Die Schlüssel für beide Kirchen gibt es beim Pfarrer.

Wir überqueren nun die N 100 und nähern uns auf der gewundenen D 105 dem Örtchen SAINT-MARTIN-LES-EAUX. Auch die Kirche dieses Dorfes, die in das erste Viertel des 12. Jahrhunderts datiert wird, war als Landpriorat Carluc unterstellt. Ihr Abriß schien bereits unabwendbar, als sie dann doch in jüngster Zeit sorgfältig restauriert wurde. So überzeugt sie den Besucher heute wieder mit ihrer harmonischen Gesamtgestaltung und dem archaisierenden Dekor, den Bogenstellungen im Chor (Bild 41), und den Reliefs an der Nordseite (Schlüssel im Ort).

Ein Feldweg unterhalb von Dauphin, einem der schönsten und lebendigsten Dörfer in der Umgebung, führt uns zur Burg SAINT-MAIME, im 13. Jahrhundert Residenz der Grafen von Forcal-

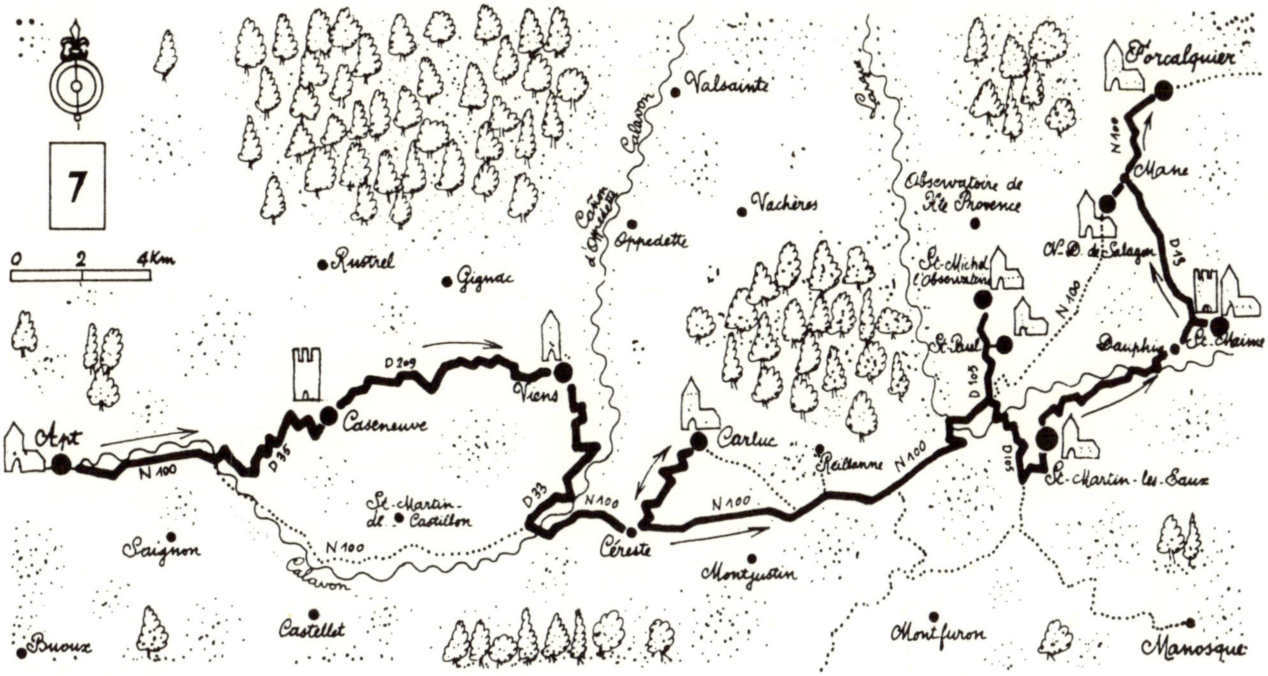

quier. Erhalten ist leider nur die Kapelle (Schlüssel im Dorf) und der polygonale Bergfried, der die fruchtbare Mane-Ebene und die Enge von La Roche de Volx überragt.

Die D 13 führt uns nach MANE. Am Südwestrand des von einer Zitadelle überragten Dorfes steht die Kirche *Notre-Dame-de-Salagon* rechts der N 100 (Bild 42). Von dem zu Saint-André in Villeneuve-lès-Avignon gehörenden mittelalterlichen Priorat ist nur eine Kirche aus dem letzten Viertel des 12. Jahrhunderts erhalten, an die ein schöner Renaissancebau angefügt wurde. Am besten kommt man an einem Nachmittag im Spätsommer hierher, wenn die Westfassade im Licht der Sonne golden leuchtet. Das Portal und der Okulus darüber sind mit skulptiertem Rankenwerk, Palmetten, Flechtwerk und Vierpaßmotiven gestaltet, die an Holzschnitzwerk erinnern. Im Innern sei dem Besucher insbesondere ein Kapitell im nördlichen Seitenschiff empfohlen, auf dem die Taufe Jesu dargestellt ist. An der Nordwand vermittelt eine Reihe archaisch bearbeiteter Flachreliefs ein Bild von der Mentalität der einfachen mittelalterlichen Handwerksleute. 400 Meter westlich der Kirche und 200 Meter nördlich der N 100 führt eine ungewöhnliche Brücke in drei Bögen über die Laye. Sie stammt aus dem 12. Jahrhundert und war Teil der mittelalterlichen Verbindungsstraße zwischen Apt und Sisteron.

Der Zielort unserer kleinen Wanderung über Berg und Tal, FORCALQUIER, verdient eine längere Besichtigung. Forcalquier war im 12. Jahrhundert Hauptort einer Grafschaft, die sich rechts der Durance von Cavaillon bis zum Mont Genèvre erstreckte. Nur an den Markttagen (Montag) und in den Sommermonaten erwacht der Ort aus seinem Dornröschenschlaf. Aus romanischer Zeit sind hier einige Gebäude und ein im 13. Jahrhundert gegründetes Franziskanerkloster erhalten. Daneben entdeckt man in den Straßen und an den kleinen Plätzen der Altstadt schöne Häuser aus der Zeit der Renaissance und des Klassizismus. Auch dem Museum sollte man einen Besuch abstatten. Die alte Kathedrale – sie war in ein und demselben Kirchenbezirk die zweite neben der von Sisteron – ist sehr groß und besteht aus einem romanischen Mittelschiff und einem gotischen Chor, während die Seitenschiffe aus dem 17. Jahrhundert stammen.

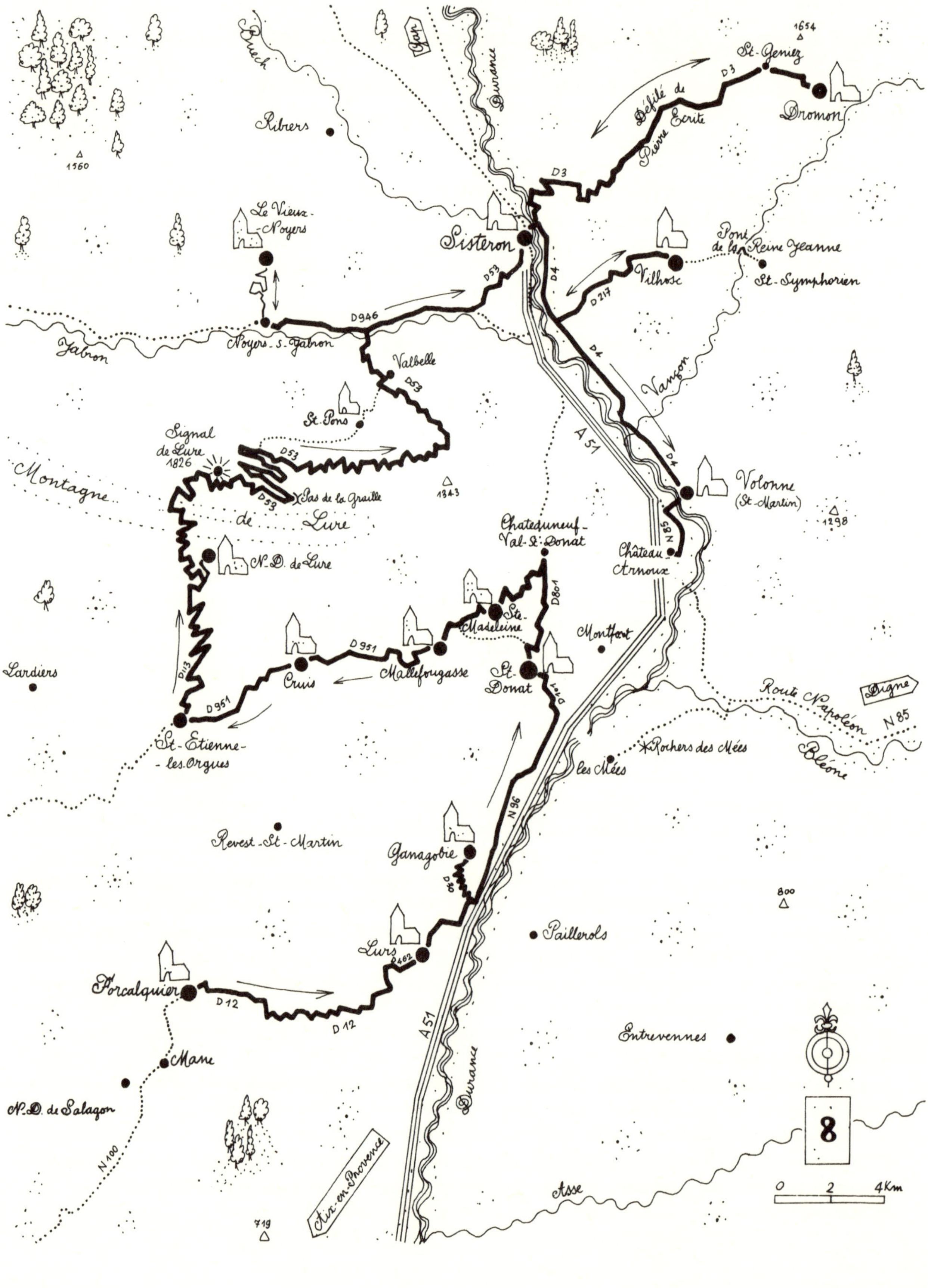

Sisteron
Gap
Buech
Durance
Ribiers
1560
1654
St-Geniez
D3
Défilé de Pierre Écrite
Dromon
Le Vieux-Noyers
Pont de la Reine Jeanne
Vilhosc
St-Symphorien
D4
D217
D53
D946
Noyers-s-Jabron
Jabron
Valbelle
Vançon
St-Pons
Signal de Lure 1826
Montagne de Lure
Pas de la Graille
1343
A51
Volonne (St-Martin)
1298
N85
Châteauneuf-Val-St-Donat
Château-Arnoux
N.-D. de Lure
D801
Ste-Madeleine
Montfort
D951
Cruis
Mallefougasse
St-Donat
D113
Lardiers
St-Étienne-les-Orgues
Route Napoléon
Digne
N85
Bléone
Rochers des Mées
les Mées
N96
Revest-St-Martin
Ganagobie
D30
800
Paillerols
Lurs
D462
Forcalquier
D12
Mane
Entrevennes
N.-D. de Salagon
N100
Aix-en-Provence
Asse
719
8
0 2 4Km

Achter Reiseweg: Die Montagne de Lure und die angrenzenden Gebiete

Forcalquier, Sisteron, Château-Arnoux, quer durch die Montagne de Lure: ca. 155 km. Michelin-Karte Nr. 81, Planquadrate 15, 16, 5 und 6. Kein Rundweg; Ausflugsdauer 2 Tage.

Nach Forcalquier (Siebter Reiseweg) fahren wir über die D 12 und die D 462 weiter nach LURS, einem malerischen Dorf hoch über der Durance, dessen Umland reich ist an romanischen und klassizistischen Kirchen, an Bethäusern und Taubenschlägen aber auch an schönen, eindrucksvollen Gutshöfen, die Zeugnis von einer über die Jahrhunderte bewahrten hohen Kunst des Bauens ablegen. Über die schmale D 30 fahren wir zunächst durch Olivenhaine, dann durch ein kleines Wäldchen zu einem Wasserlauf, dem Buès, den wir auf einer römischen Brücke überqueren; es lohnt sich, zum Fluß hinunter zu klettern und sie von der Seite anzusehen. Unser Weg führt uns schließlich hinauf nach Ganagobie.

GANAGOBIE ist zweifellos der schönste Ort der Haute-Provence. Auf einer steil abfallenden Hochebene liegt er inmitten eines oft undurchdringlichen Dickichts von immergrünen Steineichen, dem *maquis*, den man auf schmalen Pfaden durchstreifen kann. Von der Hochebene aus überblickt man das Tal der Durance und das gesamte Umland, von den Gebirgszügen Sainte-Baume und Sainte-Victoire im Süden bis zu den Gipfeln der Trois-Evêchés und dem Mont Viso im Nordosten. Man fühlt sich wie auf einer Insel, dem Himmel greifbar nahe. Benediktiner gründeten hier im späten 10. Jahrhundert ein Kloster. Welch ein Gegensatz zu Sénanque im abgelegenen Tal des Vaucluse-Massivs, wo sich in der Mitte des 12. Jahrhunderts die asketischen Zisterzienser niederließen.

Das Priorat von Ganagobie gehörte Cluny an und war die bedeutendste Niederlassung des Ordens in der Provence. Ihre Gründung (um 960) geht möglicherweise auf den Abt Majolus zurück, der aus dieser Gegend stammte und damals der großen burgundischen Abtei vorstand. Die Gebäude aus romanischer Zeit sind nahezu vollständig erhalten. Der gesamte, für etwa fünfzehn Mönche konzipierte Komplex – Kirche, Kreuzgang und Klostergebäude – bildet ein Rechteck von 41 × 44,5 Metern. Früher muß er mit seinen dicken, fast fensterlosen Mauern wie eine Festung gewirkt haben. Wir treten durch das feierliche und doch freundliche Westportal der Kirche (spätes 12. Jahrhundert) ein, das von einem thronenden Christus im Tympanon beherrscht wird. Sein edles Antlitz strahlt Ruhe und Gelassenheit aus, segnend hebt er die rechte Hand und hält mit der linken die Bibel. Ihm sind die Symbole der vier Evangelisten beigegeben, und zu seinen Füßen reihen sich die zwölf Apostel mit recht realistischen Gesichtszügen aneinander. Beim Eintritt sind wir überrascht von der Schmucklosigkeit und Strenge der Innenräume – wobei wir nicht vergessen dürfen, daß im Mittelalter farbige Glasfenster, Fresken und Wandbehänge diesen Eindruck milderten. Der ungewöhnliche und in Frankreich einmalige Mosaikfußboden (gegen 1125), mit dem der gesamte Chor ausgelegt ist, trug zu einer festlichen Atmosphäre bei. In geometrischen oder floralen Rahmungen sind Fabeltiere dargestellt, die den Widerstreit zwischen Gut und Böse symbolisieren sollen, oder wir werden Zeuge von Kampfszenen, wobei Kleidung und Ausrüstung der Ritter bemerkenswert sind.

Von der Kirche aus gelangen wir in den wuchtigen, schmucklosen Kreuzgang (spätes 12. Jahrhundert), der vom milden Licht der Sonne durchflutet wird. Hier läßt sich besser als irgendwo sonst die wohltuende Wirkung der Stille spüren. Um den Kreuzgang herum liegen im Osten der Kapitelsaal, der Aufenthaltsraum und der Wärmeraum, darüber befand sich der heute zerstörte Schlafraum, im Süden das Refektorium sowie die Küche und im Westen die Wirtschaftsräume.

Es fällt schwer, diesen Ort der Ruhe zu verlassen, wo die Männer Gottes jahrhundertelang Samm-

lung für das Gebet suchten und auch heute noch finden. Wie laut und quirlig wirkt dagegen das nahe Tal (N 96), das wir hinter Peyruis (D 101) verlassen, um in die vielfältige Welt der Montagne de Lure mit ihren Weiden und Schäfereien einzudringen.
Unser nächster Aufenthalt gilt *Saint-Donat* in MONTFORT. Ganz unvermittelt taucht der auf einer Anhöhe liegende Ort hinter einer Wegbiegung auf. Die kleine, wunderschöne Basilika nimmt seit dem 11. Jahrhundert den Platz der Einsiedelei des Donatus ein, der hier im 6. Jahrhundert lebte. Im Mittelalter war sie das vielbesuchte Ziel einer Wallfahrt. Die Kirche ist in verschiedenerlei Hinsicht interessant: Sie ist eines der wenigen Beispiele für den *premier art roman* im Süden, und sowohl ihr Inneres als auch ihr Äußeres bestechen durch eine vollkommene, strenge Linienführung und die Ausgewogenheit und Kraft der Raumkörper, wenngleich die Bautechnik eher derb und einfach anmutet (Bild 43). Der Historiker sieht sich einem wertvollen Zeugnis der späten Christianisierung dieser Gebirgsregion gegenüber. Dem Gläubigen erschließt sich ein geweihter Ort.
Wir folgen dem Verlauf der antiken Via Domitia (D 101, D 801) und gelangen nach CHÂTEAUNEUF-VAL-SAINT-DONAT. Von dort aus fahren wir auf der D 951 weiter in Richtung Saint-Étienne-les-Orgues. Drei Kilometer hinter Châteauneuf liegt links der Straße mitten im Wald die kürzlich restaurierte Kapelle *Sainte-Madeleine.* Wie so viele Gotteshäuser in der Provence zeugt das einfache, schmucklose, jedoch sorgfältig gemauerte Gebäude aus dem späten 12. Jahrhundert vom Glauben eines anderen Zeitalters.
Die Pfarrkirche in MALLEFOUGASSE ist ein weiteres seltenes Beispiel des *premier art roman.* Sie stammt aus dem 11. Jahrhundert. Der zweigeschossige Glockenturm wurde im frühen 12. Jahrhundert errichtet. Die Stiftskirche einer Gemeinschaft von Chorherren in CRUIS, deren Blütezeit im 12. und 13. Jahrhundert anzusiedeln ist, steht leider nur noch als Ruine.
Von SAINT-ÉTIENNE-LES-ORGUES führt die Straße hinauf in die Montagne de Lure, deren höchste Erhebung 1826 Meter erreicht (D 113). Die Gegend ist wenig bekannt und ein Paradies für Naturfreunde, Wanderer und, im Winter, auch für Skifahrer. Bis auf die felsigen Gipfel ist das Massiv dicht bewaldet. Ganz am Ende eines wildromantischen Tales in der Südflanke liegt auf über 1200 Metern Höhe und in der Nähe einer recht ergiebigen Quelle die Kirche *Notre-Dame de Lure*, ein heute noch vielfrequentierter Wallfahrtsort. Der Weg dorthin ist an der Straße durch ein Bethaus markiert. Die Kirche ist der einzige Überrest eines im dritten Viertel des 12. Jahrhunderts gegründeten Klosters. Die Abgelegenheit des Ortes und die schlichte Strenge des Baus mit seinen wuchtigen Mauern entsprechen ganz dem Geist der Entsagung und Armut, wie ihn die zisterziensischen Ordensregeln fordern. Die Mönche widmeten sich hier vorwiegend dem Ackerbau, der Viehzucht und der Nutzung des Waldes.
Wir kehren auf die Straße zurück und setzen unseren Weg zum Gipfel hinauf fort. Eine wunderschöne Aussicht bietet sich nach allen Seiten. Über die D 53, die sich durch einen herrlichen Wald schlängelt und rechts und links von einer üppigen, blühenden Vegetation begleitet wird, erreichen wir VALBELLE und das Jabron-Tal. Auf halber Höhe, unweit von Le Jas de Madame, entdecken wir an der Felswand die Einsiedelei *Saint-Pons.* Auf der D 946 fahren wir ein Stück weit das Tal hinauf, bis wir auf ein verlassenes mittelalterliches Dorf stoßen. Es ist VIEUX-NOYERS, vier Kilometer nördlich des heutigen Ortes. Der Weg dorthin kann mit dem Auto befahren werden. Im Anblick der Bergkette des Lure erhebt sich ein Labyrinth zerfallender Mauern zeichenhaft in den Himmel, und nur die mit Steinplatten gedeckte romanische Kirche (Schlüssel im Dorf) steht noch unversehrt. Im alpenländischen Stil zu Beginn des 13. Jahrhunderts errichtet, bietet sie einen ergreifenden Anblick, der zum Nachdenken einlädt (Bild 47).
Über die D 53 gelangen wir von der Höhe herab nach SISTERON. Der Ort schmiegt sich eng an die Südflanke einer eindrucksvollen Schlucht und überwacht – strategisch bedeutsam – den Weg

nach Italien, den der Reisende im Mittelalter benutzen mußte. So wird das Städtchen denn auch überragt von einer Zitadelle, die Jean Errand, Festungsbaumeister Heinrichs IV., im 16. Jahrhundert errichtete. Es ist eine komplizierte Anlage, deren Besichtigung sich lohnt. Die romanische Kathedrale aus dem dritten Viertel des 12. Jahrhunderts liegt im Zentrum der von zahlreichen engen Gassen durchzogenen Unterstadt (Bild 46). Das große Bauwerk ist in einheitlichem Stil errichtet; der Dekor ist sparsam und streng wie bei den meisten Kirchen der Alpenregionen. Besonders bemerkenswert sind die Kapitelle auf den Halbsäulen des Langhauses, die hohe, achteckige Kuppel über dem Chorjoch und das Westportal mit seinen steinernen Ungeheuern.

Von Sisteron aus lohnt sich ein Abstecher nach LE DROMON, für den man durchaus einen guten halben Tag veranschlagen sollte (35 km hin und zurück auf der D 3 ab La Baume, am linken Durance-Ufer). Am Ende der Gorges de Pierre-Écrite, kurz vor Chardavon, erinnert eine antike Felsinschrift an die Ereignisse, die hier im frühen 5. Jahrhundert stattfanden. Ein Präfekt des Magistrats der Gallier aus Arles soll mit den Seinen hierher geflüchtet sein und eine Ortschaft gegründet haben, die er *Theopolis*, Stadt Gottes, nannte. Der Name erinnert an das berühmte Werk des Augustinus, *De Civitate Dei*, und verweist auf die Bedeutung des Ortes, der ein Zentrum der Askese, der Sammlung und des Gebetes sein sollte. Eine frühchristliche Ansiedlung wurde bislang nicht entdeckt. Einige Kilometer weiter östlich liegt auf der anderen Seite des freundlichen Dörfchens SAINT-GENIEZ über dem Tal des Vançon die Kapelle *Notre-Dame du Dromon*, überragt von den Felsen des Dromon. Der Weg dorthin ist ausgeschildert. Schlüssel im Gutshof Les Chaberts). Besonders sehenswert ist hier eine eigenartige, winzige Krypta aus dem 11. Jahrhundert.

Auf der D 4 und der D 217 fahren wir am linken Ufer der Durance nach VILHOSC. Kurz vor der Ortschaft liegt rechter Hand (Markierung) in einem Gutshof versteckt eine Krypta aus der zweiten Hälfte des 11. Jahrhunderts. Sicher umschloß sie einst die Gebeine eines lokalen Heiligen oder Reliquien aus einem fernen Land. Gerade die rustikale Strenge von Form und Linie, die doch von tiefer Frömmigkeit zeugt, machen diese Krypta zu einem der reizvollsten und ungewöhnlichsten Baudenkmäler der Haute-Provence. Wegen Besichtigung frage man vor Ort nach.

Verlassen wir Vilhosc in Richtung *Saint-Symphorien*, so kommen wir über die Brücke der Königin Johanna (Pont de la reine Jeanne), eine ungewöhnliche Konstruktion aus dem 14. Jahrhundert. Wir fahren zurück zum Ufer der Durance und zu unserer Hauptroute, der wir bis VOLONNE folgen. Gleich beim Ortseingang erhebt sich etwas oberhalb der Straße die Kirche *Saint-Martin*, die trotz ihres rauhen Erscheinungsbildes und ihres schlechten Erhaltungszustandes (das Dach fehlt) einen Halt lohnt. Man betritt sie vom Friedhof aus. Die sehr schlichte Basilika aus der zweiten Hälfte des 11. Jahrhunderts war ursprünglich mit einem offenen Dachstuhl gedeckt, der dann aber mehrfach ein Opfer der Flammen wurde. Auch diese Kirche berührt durch Einfachheit und die Harmonie der Proportionen.

Unser Reiseweg endet in CHÂTEAU-ARNOUX, wo Durance und Bléone zusammenfließen (N 96 und N 85) und ein Renaissanceschloß aus dem frühen 16. Jahrhundert erhalten ist.

Neunter Reiseweg: Das Plateau d'Albion

Sault, Banon: ca. 35 km. Michelin-Karte 81, Planquadrat 14. Kein Rundweg; Tagesausflug.

Dieser Ausflug auf das Plateau d'Albion ist kilometermäßig bewußt kurz gehalten, damit uns Zeit bleibt, diese hochgelegene, einsame Region zwischen dem Mont Ventoux (1912 m), der Montagne de Lure (1826 m) und dem Amaron eingehender kennenzulernen. Getreide und Lavendel wachsen dort, wo man im Laufe von Jahrhunderten dem Wald das Kulturland entrungen hat. Wegen der Düfte und Farben empfiehlt sich eine Wanderung besonders im Juli und August.
Unser Ausgangspunkt ist SAULT, 45 Kilometer östlich von Carpentras und 37 Kilometer nördlich von Apt. Sault war die Hauptstadt einer Grafschaft, die als Lehen dem Haus Agoult unterstellt war. Mit ihren 24 Ortschaften verstand sie es, ihre Unabhängigkeit vom frühen 13. Jahrhundert bis zur Revolution zu wahren. Die Pfarrkirche *Saint-Sauveur* war Priorat der Abtei Saint-André-lès-Avignon, die im 11. und 12. Jahrhundert mit ihren Niederlassungen weit in die Haute-Provence hinein und besonders auf dem Plateau d'Albion an Einfluß gewann. Die Kirche gibt Zeugnis von verschiedenen Epochen: Das geräumige Mittelschiff ist romanisch (spätes 12. Jahrhundert), der kreuzförmige Chor gotisch (14. Jahrhundert),und eines der Seitenschiffe ist noch später entstanden. Der Turm wurde erst 1624 im romanischen Stil nach der traditionellen Bauweise errichtet. Von Sault aus bieten sich zwei sehr schöne Ausflüge an: zum Mont Ventoux und in die Gorges de la Nesque.
Die D 950 führt uns nach SAINT-TRINIT, einem winzigen Dorf, das von einer bescheidenen Kirche überragt wird (Bild 47). Auch ihr Bau geht auf die Initiative der Benediktiner von Saint-André zurück. Sie entstand im zweiten Viertel des 12. Jahrhunderts. Ihre Proportionen, die angemessene Höhe, das Mauerwerk und der zurückhaltende Dekor sind von wohltuender Wirkung und tun auch dem Zeitgeschmack unserer Tage Genüge. Wenn die Kirche nicht offen ist, erbittet man den Schlüssel in der Nachbarschaft.
Die D 95 und die D 30 bringen uns nach SAINT-CHRISTOL-D'ALBION, einem Dorf, das wie Saint-Trinit seine recht genau ins späte 11. Jahrhundert zu datierende Entstehung und anfängliche Entwicklung den Mönchen von Villeneuve-lès-Avignon und den Agoult, den Baronen von Sault, verdankt. Die der Gottesmutter und dem heiligen Christophorus geweihte Kirche läßt deutlich zwei Bauabschnitte unterscheiden: einen romanischen (drittes Viertel des 12. Jahrhunderts) und, sehr harmonisch angepaßt, einen spätgotischen (1690). Im romanischen Teil verdient besonders die Gestaltung des Chores unsere Aufmerksamkeit (Lichtschalter am Eingang links). Sowohl von seiner ikonographischen Vielfalt als auch von seinem Symbolgehalt her ist seine Bauskulptur, die sich in einheitlichem Stil über die gesamte Apsis bis hin zum Altar, dem heiligen Zentrum der Kirche, ausbreitet, recht ungewöhnlich für die Provence. Inmitten geometrischer Formen (Sterne, Flechtwerk) und floraler Motive (vorwiegend Weinlaub und Akanthus) finden wir neben Fabelwesen wie Sphingen, Sirenen, Drachen, Greifen, Löwen und Pelikanen ganz vertraute Vögel, Hasen, Bären und Schlangen – ein ganzes mittelalterliches Bestiarium mit seiner vielschichtigen Symbolhaftigkeit (Bild 49).
Von Saint-Christol aus dürfen wir zwei Pilgerfahrten nicht versäumen. Die eine führt uns ins Herz des Plateau d'Albion, zu der bescheidenen Kapelle *Notre-Dame de l'Ortiguière* (links an der D 34, kurz vor le REVEST-DU-BION), die früher unter dem Schutz von Notre-Dame de la Forêt d'Albion stand: Hinzuweisen ist besonders auf die Skulpturen im Altarraum). Die zweite Pilgerfahrt gilt *Notre-Dame de l'Amaron*, in südlicher Richtung an der Straße nach Lagarde gelegen (D 34, am Gipfel, 50 Meter links der Straße). In 1000 Metern Höhe und inmitten des weiten

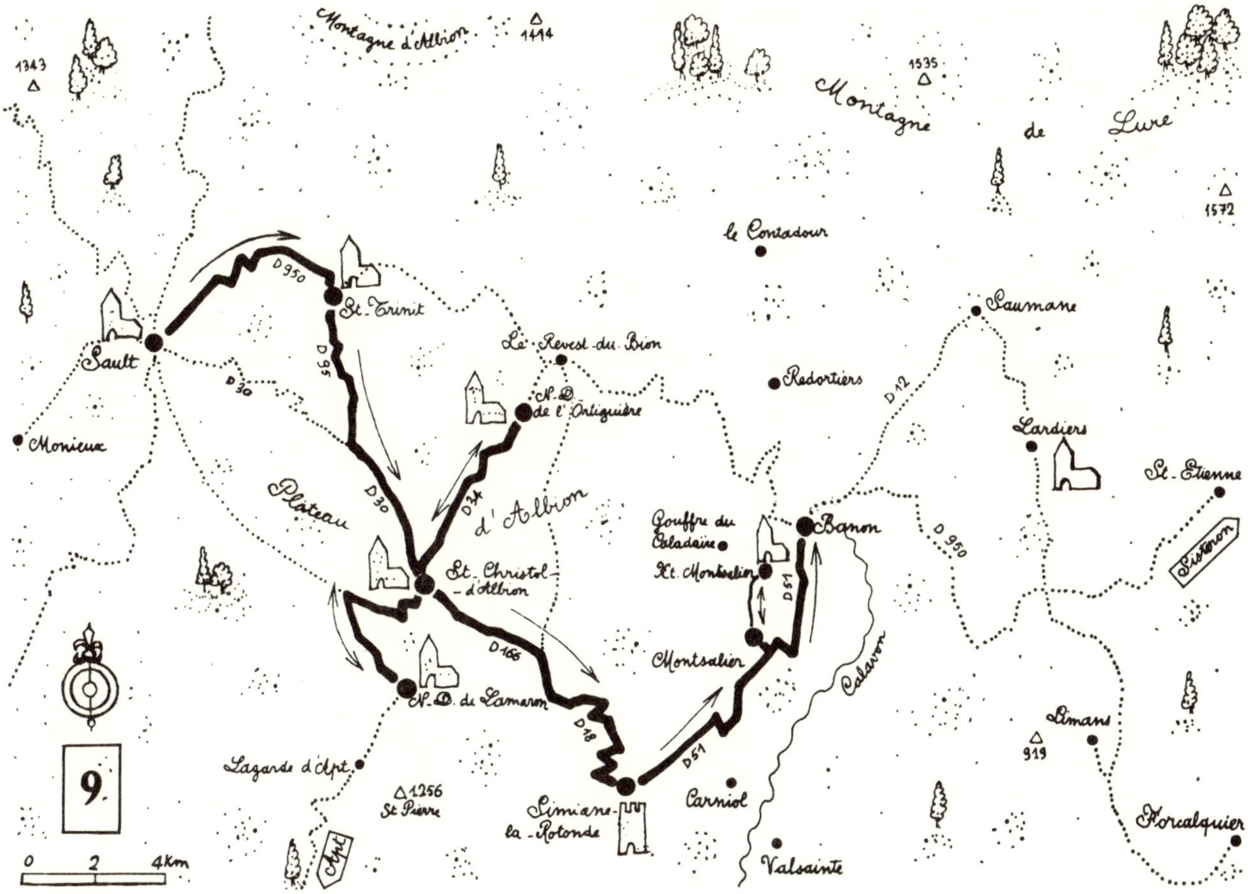

und einsamen Plateau d'Albion zeugt diese bescheidene, von Lavendelfeldern umgebene Kirche auf anrührende Weise von mittelalterlicher Volksfrömmigkeit.
Bei der Abfahrt zurück nach Saint-Christol genießen wir einen einzigartigen Blick auf den Mont Ventoux. Weiter geht es über die D 166 und die D 18 in Richtung SIMIANE. Von der Burg, die eines der malerischsten Dörfer der Haute-Provence überragt, ist im Innern der Festungsmauer der Bergfried (man nennt ihn hier nur »Rotunde«) aus dem späten 12. Jahrhundert und das Herrenhaus (13. Jahrhundert) erhalten (Bild 48). Die Anlage gehört zu den interessantesten Zeugnissen weltlicher Architektur der mittelalterlichen Provence. Der Bergfried umfaßt zwei Abschnitte, ein Erdgeschoß, das als Abstellraum gedient haben mag, und eine äußerst sorgfältig gestaltete »Beletage«, die man einst durch ein reich verziertes Portal betrat. Der Saal, in den man gelangt, ist von einer Kuppel überwölbt, die von Rippen getragen wird. Sie stützen sich auf maskenverzierte Konsolen. Den Saal rahmen zwölf Nischen, deren Sockel mit eingestellten, schlanken Säulen verziert sind. Dieser Ehren- und Empfangssaal des Schlosses wurde sicher vielfältig genutzt, unter anderem wohl auch für lokale Versammlungen und offizielle Zeremonien. Zugleich diente der Bergfried als Ausguck, und eine kleine Wachmannschaft konnte wohl von hier aus eine begrenzte Verteidigung führen. Den oberen Teil konnte man allein vom Wehrgang der Nordfassade aus und nur über eine in die Mauer eingelassene Treppe erreichen, die über die Kuppel führte.
Bevor wir weiterfahren, empfiehlt sich ein Gang durch die steilen Gassen von Simiane und ein Be-

such der gotischen Kirche. Zu bestaunen sind auch schöne Wohnhäuser aus der Zeit der Renaissance und des Klassizismus, die größtenteils gut erhalten und geschmackvoll renoviert sind.
Am Fuße des Ortes nehmen wir die D 51 in Richtung Banon. In MONTSALIER empfiehlt sich für alle, die einen Fußmarsch von einigen Kilometern nicht scheuen, der Aufstieg ins alte Dorf mit seinen wehmütig stimmenden Ruinen. Wir überqueren den Paß, wo noch die Reste dreier Windmühlen stehen (zumindest eine von ihnen stammt aus dem 16. Jahrhundert), und gelangen über eine breite Treppe ins Zentrum eines einst lebendigen Ortes, von dem heute nur noch die romanische Kirche steht. Einen Kilometer weiter nördlich befindet sich übrigens der *Aven du Caladaire*, ein Schlund, der bis in eine Tiefe von 700 Metern erforscht ist.
Endpunkt unseres Ausflugs ist BANON. Wir machen einen Rundgang durch das obere Dorf und fahren dann zurück nach Apt oder Forcalquier, womöglich mit einem kleinen Umweg über Saumane, LARDIERS, um das romanische Portal anzusehen (Bild 50), oder LIMANS, in dessen gotischer Kirche sich eine Altarmensa und reich skulptierte Marmorplatten von Chorschranken aus dem 6. oder 7. Jahrhundert befinden.

Thematische Reisewege

Im großen und ganzen folgen die nachstehenden Reisewege einer geographischen Gliederung von Nord nach Süd und gegebenenfalls von West nach Ost. Der Ortsangabe ist in Klammern die Nummer des Départements beigefügt (04: Alpes de Haute-Provence; 05: Hautes-Alpes; 06: Alpes-Maritimes; 13: Bouches-du-Rhône; 26: Drôme; 30: Gard; 83: Var; 84: Vaucluse). Die Mehrzahl der genannten Baudenkmäler ist in den Zodiaque-Bänden *Romanische Provence, Romanik der Hoch-Provence* und *Romanik der Côte d'Azur* behandelt.

Zwanzig themenbezogene Reisewege für diejenigen, die sich besonders interessieren für

1. ... *den premier art roman*
Francillon, Saint-Pierre (26); Le Pègue, Sainte-Anne (26); Vaison, N.-D. de Nazareth (84); Saint-André de Rosans (05); Sarrians (84); Bedoin, La Madeleine (84); Venasque (84); Vaucluse (84); Thouzon (84); Saint-Saturnin d'Apt, Burgkapelle (84); Vaugines (84); Saint-Étienne du Grès, N.-D. du Château (13); Arles, Saint-Pierre de Montmajour (13); Mallefougasse (04); Montfort, Saint-Donat (04); Volonne, Saint-Martin (04); Sourribes (04); Vilhosc (04); Saint-Geniez-du-Dromon (04); Malijay, Saint-Christophe (04); Entrevennes (04).
2. ... *romanische Kathedralen*
Saint-Paul-Trois-Châteaux (26); Orange, Vaison, Carpentras, Avignon, Cavaillon und Apt (84); Aix-en-Provence, Arles und Marseille (13); Forcalquier und Sisteron (04).
3. ... *Priorate der Abtei von Cluny*
Saint-Marcel-lès-Sauzet (26); Sainte-Jalle (26); Saint-André de Rosans (05); Ganagobie (04); Sarrians (84).
4. ... *Priorate der Abtei Saint-Victor in Marseille*
Malaucène, N.-D. du Groseau (84); Vaucluse, Saint-Véran (84); Buoux, Saint-Symphorien (84); Arles, Saint-Honorat (13).
5. ... *Priorate der Abtei Saint-Pierre de Montmajour in Arles*
Bédoin, La Madeleine (84); Céreste, Carlux (04); Saint-Michel-l'Observatoire, Saint-Paul (04); Saint-Martin-les-Eaux (04); Les Baux (13); Pélissanne, Saint-Laurent (13); Les Saintes-Maries-de-la-Mer (13).
6. ... *Priorate der Abtei Saint-André in Villeneuve-lès-Avignon*
Thouzon (84); Sault (84); Saint-Trinit (84); Saint-Christol-d'Albion (84); Saint-Michel-l'Observatoire (04); Mane, N.-D. de Salagon (04); Montfort, Saint-Donat (04); Mallefougasse (04).
7. ... *Zisterzienserklöster*
Léoncel (26); Die, Valcroissant (26); Bonlieu (26); Aiguebelle (26); Bouchet (26); Sénanque (84); Silvacane (13); Gémenos, Saint-Pons (13); Le Thoronet (83).
8. ... *Abteien des Klosters Chalais im Dauphiné*
Les Crots bei Embrun, Boscodon (05); Saint-Étienne-les-Orgues, N.-D. de Lure (04); Pierredon (13); Valbonne bei Antibes (06).
9. ... *Einrichtungen von Ritterorden und Hospitalitern*
Lagrand (05); Lardiers (04); La Bastide-de-Jourdans, N.-D. de la Cavalerie (84); Gignac, Saint-Michel (13).
10. ... *Kirchen im ländlichen Raum*
Bonpas, La Chartreuse (84); Saint-Pantaléon (84); Apt, Roquefure (84); Céreste, Carluc (04); Sainte-Tulle (04); Les Baux, Saint-Vincent (13); Salon, Sainte-Croix (13); Arles, Saint-Pierre de Montmajour (13); Beaucaire, Saint-Roman-l'Aiguille (30).
11. ... *Kirchen mit drei- und vierpaßförmigem Grundriß*
Comps (26); La Baume-de-Transit, Sainte-Croix (26); Venasque (84); Peyrolles, Saint-Sépulcre (13); Graveson, Saint-Sépulcre (13); Arles, Sainte-Croix de Montmajour (13); Cannes, Dreifaltigkeitskapelle auf der Insel Saint-Honorat de Lérins (06).
12. ... *Krypten*
Vilhosc (04); Saint-Geniez-du-Dromon (04); Apt (84); Sainte-Tulle (04); Arles, Montmajour und Saint-Honorat des Alyscamps (13); Marseille, Saint-Victor (13).
13. ... *Kreuzgänge*
Aiguebelle (26); Vaison (84); Cavaillon (84); Sénanque (84); Ganagobie (04); Saint-Michel de Frigolet (13); Saint-Rémy, Saint-Paul-de-Mausole (13); Arles, Saint-Trophime und Montmajour (13); Aix-en-Provence (13); Silvacane (13); Le Thoronet (83).
14. ... *Kirchtürme*
Saint-Marcel-lès-Sauzet (26): La Garde-Adhémar (26); Saint-Restitut (26); Vaison (84); Beaumes-de-Vénisse, N.-D d'Aubune (84); Avignon, N.-D. des Doms und Saint-Ruf (84); Le Thor (84); Arles, Saint-Tro-

phime und Saint-Honorat (13); Apt (84); Buoux, Saint-Symphorien (84); Viens (84); Mallefougasse (04); Sisteron (04); Moustiers-Sainte-Marie (04); Robion, Saint-Thyrse (04).

15. ... *Bauwerke, deren Skulpturenschmuck der Werkstatt von Vaison zugeschrieben wird*
Vaison, Kathedrale N.-D. de Nazareth und Saint-Quenin (84); Sainte-Jalle (26); Saint-André de Rosans (05); Entrechaux, N.-D. de Nazareth (84); Malaucène, N.-D. du Groseau (84); Beaumes-de-Venisse, N.-D. d'Aubune (84).

16. ... *Bauwerke, deren Skulpturenschmuck der Werkstatt von Arles zugeschrieben wird*
Arles, Saint-Trophime und Montmajour (13); Les Saintes-Maries-de-la-Mer (13); Aix-en-Provence, Kreuzgang von Saint-Sauveur (13); Tarascon, Saint-Gabriel (13); Saint-Rémy, Kreuzgang von Saint-Paul-de-Mausole (13); Céreste, Carluc (04); Saint-Paul-Trois-Châteaux (26); Saint-Restitut (26).

17. ... *romanische Bestiarien*
Saint-Paul-Trois-Châteaux (26); Saint-Restitut, Turm (26), Entrechaux, N.-D. de Nazareth (84); Pernes (84); Cavaillon (84); Saint-Martin-les-Eaux (04); Mane, N.-D. de Salagon (04); Ganagobie (04); Saint-Christol-d'Albion (84); Revest-du-Bion, N.-D. de l'Ortiguière (04); Saint-André de Rosans (05).

18. ... *Bauwerke mit besonders zahlreichen Steinmetzzeichen und dekorativer Steinbearbeitung*
Saint-Marcel-lès-Sauzet (26); La Bâtie-Rolland, Saint-Andéol (26); Allan, La Chapelle Barbara (26); La Garde-Adhémar, Le Val des Nymphes (26); Saint-Paul-Trois-Châteaux (26); Saint-Restitut (26); Colonzelle (26); Bollène, Saint-Blaise de Bauzon (84); Saint-André de Rosans (05); Beaumont-du-Ventoux, Saint-Sépulcre (84); Avignon, N.-D. des Doms (84); Pernes (84); Le Thor (84); Gordes, Sénanque und Saint-Chaffrey (84); Saignon (84); Noves (13); Arles, Saint-Trophime und Montmajour (13).

19. ... *Profanbauten wie Burgen, Bergfriede, Brücken und Bürgerhäuser*
Montélimar, Burg (26); Le Poet-Laval, Bergfried (26); Rochefort-en-Valaine, Bergfried (26); Roussas, Bergfried (26); La Roche-Saint-Secret, Bergfried von Alençon (26); Richerenches, Komturei (84); Uchaux, Burg (84); Mornas, Burg (84); Bollène, Haus (84); Avignon, Brücke (84); Vaucluse, Burg (84); Oppède, Burg (84); Apt, Roquefure, Burg (84); Buoux, Festung (84); Cucuron, Bergfried (84); Lauris, Haus (84); Caseneuve, Burg (84); Saint-Michel-l'Observatoire, Schweinehirtenturm (04); Mane, Brücke (04); Céreste, Haus (04); Simiane, Burg (04); Redortiers, Bergfried (04); Les Baux, Burg (13); Lançon, Burg (13).

20. ... *mittelalterliche Ortschaften, die weitgehend von einer Festungsmauer umschlossen sind*
Verlassene Ortschaften: Allan (26); Mison (04); Châteauneuf-Val-Saint-Donat (04); Redortiers (04); Monsalier (04); Montlaux (04); Ganagobie (04); Bras-d'Asse (04); Saint-Saturnin-d'Apt (84).
Bewohnte Ortschaften: Savasse (26); Clansayes (26); Vaison (84); Séguret (84); Le Crestet (84); Venasque (84); Le Beaucet (84); Gordes (84); Murs (84); Méthamis (84); Monieux (84); Oppède (84); Ménerbes (84); Lacoste (84); Bonnieux (84); Saignon (84); Gignac (84); Viens (84); Vachères (04); Lincel (04); Villemus (04); Dauphin (04); Lurs (04); Montfort (04); Simiane (04); Noves (13); Eygalières (13); Les Baux (13); Miramas-le-Vieux (13); For-sur-Mer (13).